最新版

日本電車大集合1922款

撮影／廣田尚敬・廣田 泉　　撰文／坂 正博

人人出版

U0076839

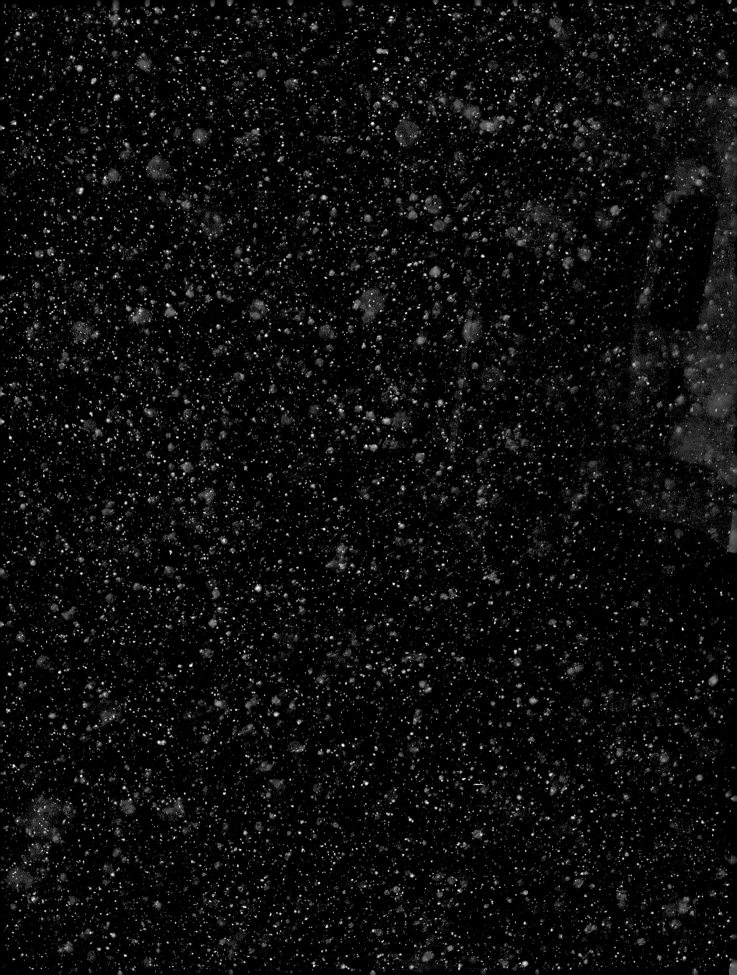

圖片／扉頁・夜行的秋田新幹線 E6系
　　　前頁・行駛在小雪紛飛中的上越新幹線 E4系 16節編組
　　　上・春季時行駛在郊區的夷隅（Isumi）鐵道300形

本書中車輛等，均為2016年8月時的資訊。
車輛的形式名（系、形等），原則上使用該鐵道公司的標示。
已經退役的車輛則以黃色框標出。

歡迎來到日本電車的繽紛世界
蘇昭旭老師帶您認識日本鐵道

　　基本上日本鐵道公司可分成JR線與私鉄兩大類，JR線源自過去日本國鐵JNR，但是在1987年日本國鐵民營化，因此分割成JR北海道、JR東日本、JR東海、JR西日本、JR四國、JR九州等六家鐵路客運公司。此外，日本尚有若干頗具規模的私鉄公司，稱為会社鐵道，經營都會區的鐵道路網，例如小田急、京成、東武、大井川、近鐵、阪急、阪神、南海等地方性的鐵路公司交通路網，與JR線有車站連結。

　　此外，日本又有所謂第三型態鐵道，又稱第三部門鐵道，與一般会社鐵道有何不同？其實，在日本有所謂的第一、第二與第三種部門鐵道，第一種所指的就是鐵道路線所有權，與車輛經營權同屬一家公司，例如台鐵與JR即是；第二種就是僅保有路線所有權，卻將車輛的營運權，交給其他的鐵路公司經營，俗稱「車路分離」的路公司；第三種是不包含路線所有權，僅有車輛服務營運的鐵路公司，也是「車路分離」的車公司；就是JR轉讓出去的民營私鐵路線，這就是第三部門鐵道，持JR Pass者得額外付費。

　　第三部門鐵道的產生原因很多，多數是新幹線（高速鐵路）通車後，平行的JR在來線（傳統鐵路）失去競爭力，所以才轉讓給民間事業經營。例如2002年12月1日，東北新幹線從盛岡延伸至八戶，JR東日本便將盛岡到八戶之間的JR路線，交予民營IGRいわて銀河鉄道，成為第三部門鐵道。不過，基本上第三部門鐵道路線都不會太長。

　　最後在車種的部份，依照行車速度的等級來區分，可以分成新幹線（高速鐵路）Super Express、特急（對號特快車）Express、一般火車（區間車）Local Train共三大類。

　　基本上，日本新幹線只有JR經營，速度最快，其行駛專用路線與標準軌距1435mm，如同台灣高鐵一般，最高時速可達300公里，在基本運價上另外加上新幹線的特急料金，其票價最為昂貴。而JR特急（急行）列車Express，如同台鐵的自強號與太魯閣號，行駛傳統路線窄軌1067mm，日本稱為在來線，最高時速約130公里，北陸683系可達160公里。費率在基本運價上另外加上特急料金，價格介於高鐵與普通車之間，內裝是屬於長途座椅比較舒適，而私鉄也有很多別緻的特急列車，例如小田急與近畿鐵道等。

　　日本的火車琳瑯滿目，不禁令人好奇，日本到底有多少款火車？就讓本書帶您神遊其中這1922款火車吧！

第1章

新幹線與特急

本章介紹北海道到九州,每天承載大量乘客的日本新幹線與主要的特急列車。

新幹線 N700A

●JR東海・JR西日本

東海道山陽新幹線上的主力車輛。東海道新幹線區間內以最高時速285公里、
山陽新幹線區間內則以最高時速300公里行駛。16節編組。

6

●JR九州 **新幹線 800系** 行駛九州新幹線的「櫻花號」「燕子號」。
2004年3月，和九州新幹線新八代～鹿兒島中央通車同時上線營運。6節編組。

●JR西日本·JR九州 **新幹線 N700系** 行駛山陽、九州新幹線新大阪～鹿兒島中央之間的「瑞穗號」「櫻花號」等車次。
2011年，和九州新幹線博多～新八代之間通車同時上線營運。8節編組。

● JR 東日本　**新幹線 E7系**　行駛北陸新幹線的JR東日本車輛，使用在「光輝號」「白鷹號」「淺間號」等車次上。
12節編組，包含座位豪華的Gran Class車廂。

● JR 西日本　**新幹線 W7系**　行駛北陸新幹線的JR西日本車輛，是E7系的姊妹車。最快的「光輝號」東京到金澤只要2小
時28分。北陸新幹線的金澤～敦賀區間，預定在2023年通車。

● JR 東日本 **新幹線 E6系** 行駛秋田新幹線和東北新幹線的車輛，主要行駛秋田新幹線的「小町號」。
東北新幹線區間裡行駛的最高時速是320公里。7節編組。

● JR 東日本 **新幹線 E5系** 行駛東北、北海道新幹線的車輛，主要使用在行駛東京和新函館北斗之間的「隼號」等車次。
東北新幹線區間中以最高時速320公里運行。10節編組。

● JR 東日本 **新幹線 E4系** 　行駛上越新幹線的全車雙層車廂的車輛。一列為8節編組，但會以2編組連結方式，
行駛「MAX朱鷺號」（東京～新潟）。圖片為朱鷺鳥色的新塗裝。

● JR 東日本 **新幹線 E3系** 　行駛山形新幹線和東北新幹線的車輛，主要使用在行駛東京～山形、新庄之間的「翼號」；
東京～福島之間和東北新幹線的「山彥號」連結行駛。7節編組。

● JR 北海道　新幹線 H5系

2016年3月，配合北海道新幹線青森～新函館北斗間路段通車啟用的JR北海道新幹線車輛。和E5系不同的是，車身上有一條薰衣草色的色帶。

●JR東日本 **超景踊子號** 由東京、新宿、池袋駛往伊豆半島的伊豆急下田。
前頭車是雙層車廂，設有可以觀賞前方風景的瞭望座。車輛為251系。

●JR東海・JR西日本 **Sunrise出雲號** 往來東京和山陰地區出雲市的寢台特急。
東京～岡山之間，和駛往四國高松的「Sunrise瀨戶號」連結行駛。

●JR東日本 **成田特快** 通往成田機場的機場特急列車，圖片為2009年10月啟用的E259系，基本是6節編組，
但東京〜成田機場之間，絕大多數是12節編組行駛。

●JR東日本 **白雪號** 由新潟經過直江津直達越後TOKImeki鐵道的新井。
圖片的E653系，啟用時曾作為常磐線的「Fresh常陸號」使用。

●JR 東海 **Wideview飛驒號**
名古屋出發，在歧阜進入高山本線，行駛到高山、飛驒古川、富山。
特徵是可欣賞飛驒川等美景的大車窗。車輛為kiha85系。

●JR 東海 **Wideview信濃號**
名古屋出發，經由中央本線等線路行駛到長野的特急。
主動式傾斜裝置等技術，能夠平穩行駛在彎道不斷的山區路線上。車輛為383系。

● JR 西日本 **白鷺號** 行駛名古屋和金澤區間,在中途的米原會改變行進方向。
681系在登場時,使用在「Thunderbird」和「白鷹號」(越後湯澤〜金澤)上。

● JR 西日本 **Thunderbird** 2小時40分行駛大阪和金澤區間的特急,行駛北陸本線。
照片是683系,另外也有681系的列車。以6輛+3輛的9輛固定編組行駛。

●JR 西日本 **HARUKA** 京都出發，經過新大阪、大阪環狀線的西九條、天王寺到關西機場。
備有寬敞的行李置物間，放得下出國旅行用的行李箱。部分列車延駛到米原。

●JR 西日本 **黑潮號** 大阪和紀伊半島之間的特急列車，圖片為283系，備有主動式傾斜裝置，多彎道的路段一樣平穩，
搭乘感覺舒適。另有287系、289系行駛。

● JR九州 **音速號**  博多行駛到柳浦、大分、佐伯；中途在小倉改變行進方向。
照片是883系，做過改裝更新，外觀已有改變。

● JR九州 **海鷗號**

行駛於博多與長崎之間，有「白海鷗」之稱的特急。時間大
致固定為博多每小時的55分，長崎則是20分開車，不必看
時刻表也能搭乘，非常方便。

`● JR 四國` **潮風號** 從岡山出發，駛過瀨戶大橋，行駛到予讚線的松山。照片的8600系是最新的車輛。
另有8000系行駛，也有高人氣的麵包超人列車。

`● JR 四國` **南風號** 也是由岡山出發駛過瀨戶大橋，穿過四國山地駛往土讚線的高知、土佐黑潮鐵道的宿毛。
照片是2000系的麵包超人列車。

● JR 北海道 **超級大空號** 札幌行駛到道東的釧路。南千歲之後經由石勝線行駛到新得。
使用以快速著稱的kiha283系。

● JR 北海道 **超級Kamui號** 1小時25分行駛札幌和旭川之間。照片是789系,另有785系行駛。
2016年3月底之前,還有札幌～新千歲機場的列車。

● JR 北海道 超級北斗號 行駛函館～札幌之間。照片是2016年3月加入的kiha261系。
此區間中還有kiha281系，kiha183系的「北斗號」也仍在運行中。

● JR 九州 七星in九州

2013年JR九州推出的豪華郵輪列車。設定有
4天3夜和2天1夜的行程，由博多出發遊歷九
州各地。

第2章

首都圈

依路線別介紹行駛於日本首都東京和關東各地的JR。

東海道・山陽新幹線

東京⋯新大阪⋯博多

東海道新幹線從東京到新大阪，山
陽新幹線則從新大阪到博多。分屬
JR東海與JR西日本的路線。

新幹線 N700A

2013年啟用，是東海道、山陽新幹線的主力車輛。設有車體傾斜裝置，東海道新幹線區間最高時速285公里，山陽新幹線區間則為300公里。主要用在「希望號」上，但也用在「HIKARI號」與「KODAMA號」上。

新幹線 N700A

原為N700系，在經過改
造讓性能提升到N700A水
準的車輛，就加上小字的
「A」。2016年時全部車輛
都改裝完成。

Doctor Yellow

東海道、山陽新幹線的電氣軌道綜合試驗車，
在行駛中測試線路的狀態

新幹線 700系

1999年上線的車輛。已
經確定將於2020年時由
東海道新幹線退役。

新幹線 0系

在東海道新幹
線通車的同時
啟用。

東海道本線 東京…熱海

東海道本線由東京到神戶。其中的東京到熱海之間是JR東日本的路線。部分列車會延駛伊東線（熱海～伊東）。

E233系

東海道線上的全新主力車輛，是由E231系升級、發展而成。部分車次會經過湘南新宿線、上野東京線後直通運行宇都宮線和高崎線。基本編組為含2節綠色車廂的10節、附屬編組5節，最長為15節。

E231系

東海道本線的代表性車輛。和E233系相同，部分車次會經過湘南新宿線、上野東京線後直通運行宇都宮線和高崎線。

Sunrise 瀨戶·出雲

JR碩果僅存的寢台列車。行駛東京～出雲市、高松區間。

215系

全車雙層車廂的電車，使用在「湘南Liner」等車次上。

超景踊子號

行駛東京和新宿等站和靜岡縣伊豆急下田之間，有雙層的頭等車等設備。照片是東京站出發前的一景。

阿爾法度假區21（伊豆急）

伊豆急行電鐵的列車。也會在東海道本線上行駛特急「度假區踊子號」班次。

185系 行駛「踊子號」「湘南Liner」等班車。

伊豆CRAILE號 由東海道本線的小田原駛往伊豆急下田的觀光列車。2016年7月上線，車輛為651系。後方是小田原城。

EF210形 JR貨物的電子機車頭。用來取代EF65、EF66的機車頭。

M250系 行駛東京貨物總站到大阪的安治川口區間，是JR貨物的宅配便專用貨櫃電車。花費時間約6小時10分。

211系 E231、E233上線之前的東海道本線主力車輛。2012年4月退役。

東海號 原來行駛東京～靜岡的特急，2007年3月退役。車輛是373系。

隼號／富士號 原來是行駛東京和九州之間的藍色列車。2009年3月結束營業，東京車站開車的藍色列車至此全部消失。

天城號 車輛是157系，是第一列開往伊豆方面的特急。

天城號 第2代的天城號由157系改為183系。

159系 學生畢業旅行等經常使用的團體用車輛。

EF58形 最早用來牽引藍色列車的機車頭。

● JR 東日本

京濱東北線·根岸線　大宮…橫濱…大船

連結埼玉縣的大宮和神奈川縣的大船，南北向穿越東京。
白天班次在濱松町～田端之間為快速列車。

E233系 京濱東北線在2010年1月時，將原有209系
83編成的830輛，全數更換為這個車輛。

72系 人稱「舊型國電」
的褐色電車。

101系 有「新性能國電」
之稱最早期新性能
東京電車。

103系 引進209系之前
的主力車輛。

209系 由於E233系的登
場，於2010年1月
退役。

● JR 東日本

橫濱線　八王子…東神奈川…大船

連結東神奈川和八王子之間，列車使
用京濱東北線、根岸線行駛到大船。

E233系

2014年2月啟用的車
輛。除了到根岸線大
船的直通運行之外，
也在橫濱線內行駛快
速列車。車號是6000
番台。

205系

E233系之前
的主力車輛，
2014年8月之
後退役。

103系

換裝205系前
的主力車輛。

山手線

品川…新宿…東京…品川

一整天一直在東京正中央繞圈圈的電車。

E235系

2015年11月正式推出的山手線最新型車輛。預定2017年開始量產，用來增加配置在山手線上。使用新形態的車身和裝置，車廂內設有多面廣告用的螢幕。

E231系

山手線的E231系，啟用於2002年4月，是山手線的主力車輛，但今後將陸續換成E235系。

205系

行駛到2005年4月。

103系

行駛到1988年6月。

kumoni13形

過去曾在山手線上載運報紙等的貨運電車。

● JR東日本

埼京線·川越線　大崎…大宮…高麗川

大崎到池袋之間和山手線、赤羽到大宮之間和東北新幹線平行行駛。直通運行到臨海線的新木場。

E233系　2013年6月登場，是埼京線上最新型的車輛，形式是7000番台。車身比205系大上一圈，早晚的尖峰時間就充分發揮了效力。也駛入臨海線，行駛新木場～大崎～川越區間。

70-000系（臨海線）

臨海線的車輛，直接行駛到川越。大崎～池袋之間在山手線車上也看得到。

205系 3000番台　和209系3100番台車輛共同行駛川越～高麗川區間。

205系

臨海線的新木場經過大崎行駛到川越，10節編組。

kiha35形

在路線電氣化之前活躍在線上的車輛。

橫須賀線・總武本線

久里濱···東京···千葉···銚子

起終點在東京車站的總武地下月台；
往銚子的列車則由千葉發車。

E217系 行駛橫須賀線和總武快速線的
東京～千葉之間等。

成田特快 照片是E259系，2009年登場。基本是6節編組，
但東京～成田機場區間都是12節編組行駛。

潮騷號 東京行駛總武本線到銚子的特急列車。
照片中的E257系全車都是普通車廂。

253系

曾經是行駛東京
和橫濱等地到成
田機場區間的成
田特快車輛。

水鄉號

照片是急行
時代的153
系。

水鄉號

行駛到2005
年退役的183
系。

113系

曾行駛千葉～銚
子等區間。

中央線·總武線普通車

三鷹···御茶之水···千葉

橫貫東京的中心區，到千葉都是站站停車。

E231系 這條線上最活躍的車輛；還有駛入東京地下鐵東西線的800番台列車。
左側是過往江戶城的外護城河。

209系

209系的500番台，前頭部分
的白色塗色是特色之一。

101系 1988年11月退役。

● JR東日本

京葉線 東京…蘇我

從東京車站地下的京葉線月台開車，
沿著東京灣行駛到千葉縣的蘇我。

205系

橘色色帶的205系，是由東京、新習志野等站直通武藏野線的車輛。

E233系

2010年夏季開始上線營運的車輛，此線上是5000番台車輛。

103系 京葉線用的車輛，一直運用到2005年11月。

103系 武藏野線用的車輛，一直運用到2005年12月。

若潮號

由東京出發橫貫房總半島，行駛到外房線的安房鴨川。照片是255系。

若潮號 運用到2004年9月的183系。

205系 紅色色帶的205系，在E233系登場後退役。

●JR東日本

外房線·內房線　千葉…蘇我…安房鴨川

外房線是東西向行駛房總半島,內房線則是沿著東京灣行駛的路線。

新菜花號

將車內座位改成座墊形的和式列車,是名為「愉快列車」的車輛。

漣號　東京經木更津,行駛到內房線的君津。週六日和假日時,還會延伸到新宿和館山。照片是E257系500番台,攝於鋸山附近。

209系

2009年10月登場。由京濱東北線轉來的車輛,車廂內設有廁所。

若潮號

1972年剛啟用的外房線「若潮號」的照片,車形是183系。

●JR東日本

久留里線　木更津…上總龜山

尚未電氣化的寧靜地方線。

kiha38形

將kiha35形更新的車輛。

kihaE130形

2012年登場的久留里線用車輛。藍、綠、黃色的設計。

kiha30形

改回初登場時塗色的車輛。

南武線・鶴見線　川崎…立川；鶴見…扇町等

南武線是川崎到立川，行駛神奈川縣和東京都內；
鶴見線則行駛京濱工業地區。

E233系 2014年10月，在南武線登場的E233系8000番台。行駛南武線的普通車和快速列車。
黃色和橘色、褐色的色帶是南武線列車的特色。

209系 現在只剩下1編組在行駛。

205系 E233系登場的2016年1月時退役。

205系

鶴見線用的205系1100番台，以3節編組行駛。

205系

205系1000番台，行駛濱川崎～尻手的南武支線。

101系 1970年代後半活躍在南武線上的車輛。

kumoha12形 曾行駛南武線的大川支線。

●JR東日本

相模線　茅崎…橋本　縱貫神奈川縣中部。

205系 相模線在1991年時電氣化。
照片是當時開始行駛的205系500番台。

柴油車

電氣化之前，使用過多種柴油車行駛。

DD13形

過往時代曾使用這款機車頭，將工廠製造的汽車載運出來。

中央本線 東京…鹽尻

東京和名古屋之間的路線，其中東京到鹽尻之間是JR東日本的路線，由東京的正中央往東京西部，再到山梨縣、長野縣。

E233系

中央線的通勤用車輛，行駛東京～高尾、大月、青梅等區間的快速和特別快速列車。

211系

有6節編組和3節編組的車輛，可以在立川以西路線搭乘到。

HD300形

JR貨物的調度用機車頭，採用混合動力的方式。

101系

運用到1980年代前半。

201系

E233系登場前，中央線上的代表性通勤電車。

EH200形

有「ECO POWER BLUE THUNDER」曙稱的電力機車頭。

115系

2015年10月退役的通車用的車輛。

EF64形

和EH200形共同負擔牽引貨物列車的任務。

E353系 「超級梓號」用的新型車輛。2015年8月推出，作為取代E351系的車輛。目前仍持續進行測試運行，配備有車體傾斜裝置。

超級梓號 新宿經鹽尻行駛到松本。車輛是E351系。

梓號 由千葉、東京、新宿行駛到松本，照片是E257系。

梓號 國鐵時代的梓號（1980年代）。

梓號 運用到2002年11月的183系。

kumoyuni82形 載運行李和郵件。

37

青梅線・五日市線　立川…奧多摩・武藏五日市

行駛東京西部的山區。

E233系 拝島～武藏五日市之間五日市線也使用E233系，此區間基本上是6節編組。

E233系 行駛青梅線。立川～青梅區間使用10節編組，而青梅～奧多摩區間則基本上是4節編組。過了青梅後，電車就行駛在山邊。

觀光電車「四季彩」 行駛青梅～奧多摩之間為主的路線，郊遊踏青季節人氣極高。

● JR東日本

武藏野線 府中本町…西船橋…東京

繞著東京外圍行駛。

209系

照片是活躍在武藏野線的209系，也是大家熟知、行駛中央、總武線普通車的500番台，8節編組。

205系

武藏野線的205系，特色是以橘色為底的三種色帶。

EF65形

EF65形牽引的貨物列車經常行駛在武藏野線上。

EF210形

JR貨物的代表性機車頭，行駛首都圈到東海道、山陽本線等。

● JR東日本

八高線 八王子…倉賀野…高崎

以八王子與高崎的第一個字作為路線名稱。

205系

行駛區間和209系相同。車輛是205系3000番台。

209系 由八王子駛往高麗川，再行駛到川越線的川越。

kiha110系

行駛高麗川到倉賀野、高崎之間尚未電氣化的區間。

kiha20形 1980年前後的照片。

201系 曾行駛立川～拜島～高麗川區間。

DD51形 過往也有不少貨物列車行駛。

高崎線・上越線

上野…高崎…水上…長岡

穿過寬廣的關東平原，過隧道穿越高大山脈行駛到新潟縣的長岡。本節主要介紹上野～水上區間的列車。

E231系

主要行駛在上野～高崎、前橋之間的高崎線。

107系
行駛於高崎到水上之間。

EH200形

JR貨物的電力機車頭，由東京貨物總站行駛到新潟貨物總站。

115系
活躍於高崎到水上路線。

Resort 山鳥號

將「山並號」「瀞號」改為6節編組的度假列車。

草津號 由上野駛往吾妻線的長野原草津口。車輛在2015年3月時，全部改為照片上的651系。可以看到立體交叉的上越新幹線橋墩。

EF64形 JR貨物的電力機車頭，照片是EF64形1000番台，也會進行連結2輛機車頭的重連運行。

D51形

行駛高崎～水上的「SL水上號」機車頭。D51形是日本國內生產數量最多的蒸氣機車頭。

C61形 C61形是「SL水上號」的機車頭，2011年重新上線運行。

水上號

車廂內是和式座墊，也是愉快列車之一。

草津號 651系登場之前使用在「草津號」的185系。

赤城號 同樣在651系登場之前，行駛過上野～前橋區間。

EF15形

過去曾是牽引貨物列車的主力機車頭。

EF63形

長野新幹線通車之前，活躍在橫川～輕井澤之間的機車頭。

EF55形 戰前也曾經牽引過特急「燕子號」。

東北本線（宇都宮線） 東京⋯黑磯

東京和盛岡之間的路線。本節介紹到栃木縣黑磯之間，名為宇都宮線的區間。

E231系 東北本線東京～黑磯區間的主力車輛。經過上野東京線直通運行東海道本線，最長15節編組。照片是駛往上野方向的上行列車。

205系 行駛東北本線的宇都宮～黑磯區間。登場時是行駛京葉線的列車。

SPACIA（東武） 東武鐵道的代表性特急用車輛100系，行駛新宿～鬼怒川等路線。在栗橋由JR線駛入東武線。

EH500形

JR貨物的電力機車頭。由首都圈最遠駛往青森縣，過去也曾行駛青函隧道。

早安栃木號

行駛黑磯～新宿的通勤用特急列車。

北斗星號 使用24系客車行駛上野～札幌區間的寢台列車，2015年8月退役。

EF510形/EF81形 曾是「北斗星號」和「仙后座號」的牽引機車頭，行駛上野～札幌區間。

kumoya145形 主要在電車調車場負責車輛調度作業等的車輛。

曙號 曾使用過照片中20系寢台客車的寢台特急。

●JR東日本

上野東京線 上野…東京

連接東海道本線和東北、高崎、常磐線的上野～東京之間的路線暱稱。2015年3月開始直通運行。

E531系 2005年推出的常磐線用的車輛。行駛品川～土浦、勝田等路線。

E233系 直通運行東海道本線和東北、高崎線，運行區間是沼津～黑磯、前橋。

常陸號 常磐線的特急列車。在上野東京線通車之後，行駛區間便延伸到了品川。照片是E657系。

43

常磐線　上野…水戶…仙台

從上野出發，沿著太平洋駛往仙台。

E531系

行駛上野～土浦之間的特別快速等車次。

E233系　2009年在駛入東京地下鐵千代田線的常磐緩行線上登場。

209系　常磐緩行線用的車輛，由取手行駛到東京地下鐵千代田線的代代木上原。

E231系

使用在上野～取手區間裡常磐快速線上的車輛。

E501系

過去曾行駛到上野，現在則使用在土浦北方的路線。

常陸號

行駛品川和磐城區間。照片是E657系,「常盤號」也使用相同車輛。

E655系 暱稱「Nagomi(和)」的團體用電車。照片是連結了日本天皇御用特別車輛的6節編組。

Fresh 常陸號 照片中的E653系已經結束了常磐線的運行任務。

16000系(東京地下鐵)

東京地下鐵千代田線用的最新型電車。由常磐線的取手直通運行小田急線。

401系 最早行駛上野到勝田之間的電車。

415系 曾行駛上野~岩城之間的電車。

4000形(小田急)

小田急的車輛,2016年3月起經千代田線駛入常磐線。

常陸號 1990年代中期以前的主力車輛,照片是485系。

夕鶴號

曾行駛於上野到青森的寢台特急電車,車輛是583系。

水郡線　水戸…安積永盛…郡山

由茨城縣的水戶，經過瀑布聞名的袋田和常陸大子等站，到達和東北本線交叉的福島縣安積永盛之間的路線，列車會行駛到郡山。

kiha E130系

水郡線用的柴油車，車身顏色分為紅色和藍綠色二種。主要以3節編組行駛。上面照片是駛過阿武隈川的路段。

兩毛線　小山…新前橋…高崎

栃木縣的小山經足利、桐生、伊勢崎、前橋，到達和上越線交叉的群馬縣新前橋之間的路線，列車會直駛高崎。

211系

5節編組行駛。兩毛線上除了211系外，還有115系、107系等行駛。

107系

將過去行駛急行用的165系主要機器重新利用車輛。

水戶線　小山…友部

小山經結城、下館、笠間等地，到和常磐線交會的友部之間的路線。部分列車直達水戶和岩城方面。

415系

2016年3月退役。

E531系

2015年2月起，開始了水戶線上的定期班次。水戶線內為5節編組行駛。

● JR 東日本

日光線 | 宇都宮…日光

由宇都宮到著名人氣觀光地日光的路線。
可以欣賞到車窗外的男體山風景。

205系

將之前用在京葉線上的205系改造後的車輛，這款205系除了日光線之外，在東北本線上也看得到。

107系 205系登場後退役。照片是「復古化」後的車輛。

● JR 東日本

烏山線 | 宇都宮…寶積寺…烏山

由東北本線的寶積寺經大金等站到烏山的路線，部分列車由宇都宮直達。

kiha40形

烏山線用的車輛，由於沒有廁所，因此以1000番台做區分。

EV-E301系 使用蓄電池驅動的新方式電車。擁有「ACCUM」的暱稱。

埼玉新都市交通 | 大宮……內宿

由大宮開車，經鐵道博物館後，和東北、上越新幹線平行行駛到內宿的中運量捷運，暱稱是「NEW SHUTTLE」。

2020系 2015年登場的埼玉新都市交通的車輛，膠胎形式的6節編組。

2000系

鐵道博物館開館的2007年登場的車輛。

1000系

1993年通車時登場，2016年6月退役。照片是1996年新增的車輛。

小田急 小田原線·江之島線等

新宿⸺小田原·片瀨江之島等

由新宿出發往東京都和神奈川縣的西南方行進，
行駛到小田原和片瀨江之島方面。

VSE 50000形 2005年3月登場的浪漫特快車。寬敞的座位、高高的車頂等豪華的車內極受歡迎，使用在「超級箱根號」等班車上。

MSE 60000形

2008年3月開始營運的浪漫特快車，可以直接駛入東京地下鐵千代田線。部分列車也會由小田急線內直接駛往東京地下鐵有樂町線的新木場站。

MSE 60000形

MSE有2種前頭車，上面照片是6節和4節分離後的前頭車，左邊照片則是10節編組的前頭車，呈流線形的外觀。

EXE 30000形

小田急的浪漫特快車，特色是小田急最長的10節編組，以6節+4節編組，行駛「箱根號」「江之島號」等特急列車。照片拍攝於小田原附近。

LSE 7000形

特色是流線形的設計，做過外表等的翻修後，如照片般變得更加美麗。

HISE 10000形

高地板列車讓座位的視野更好，尤其是最前方的瞭望座人氣更高。部分列車編組減少，轉到長野電鐵行駛。

朝霧號 20000形

曾經由新宿經過JR御殿場線行駛到沼津。7節編組，其中的2節是雙層車廂。現在行駛富士急行的富士山特急。

朝霧號371系（JR東海）

駛入JR路線的車輛，和20000系同為1天2班往返。現在則行駛富士急行的特急班次。

箱根號 NSE

最早在駕駛座下方設置瞭望座位的浪漫特快車。

朝霧號 SSE

20000形登場後退役。

1000形

主要為行駛於新宿～小田原、片瀨江之島間的快速急行列車。下方照片是只使用在新松田～箱根湯本之間車輛，特色是箱根登山鐵道的塗色。

2000形

8節車廂的編組，主要作為準急與普通車使用。

3000形

特色是四方形車身的通勤車輛。
是小田急的通勤車輛中數量最多的車輛。

4000形

2007年9月投入運行的車輛，部分列車駛入東京地下鐵千代田線。是小田急的通勤車輛裡最早的10節固定編組。

8000形 1980年代啟用的通勤車輛。

E233系（JR東日本）

JR東日本用來直通行駛東京地下鐵千代田線的車輛，2016年3月時也開始駛入小田急線內。

5000形

1960年代後半到70年代前半啟用，曾是通勤電車的主力。

16000系（東京地下鐵）

東京地下鐵千代田線的車輛，由JR常磐線經過千代田線，直通運行小田急線。

6000系（東京地下鐵）

1978年，和地下鐵千代田線相互直通運行時活躍至今的車輛。

9000形

2006年5月退役的車輛。過去曾是駛入地下鐵的車輛。

2400形

1968年左右之前的小田急代表塗色。

deni 1300

掛著「配送」車頭標記的貨物電車。

東急 東橫線

澀谷┈┈橫濱

東橫線的命名，來自於路線連結了東京與橫濱。橫濱站後則經過港未來線直通運行到元町、中華街。2013年春季開始駛入東京地下鐵的副都心線。

5000系

從側面看的話，車廂內部很像JR東日本的E231系。

5000系 Hikarie

為了記念2012年4月在澀谷開幕的「Hikarie」而開始運行的「澀谷Hikarie」彩繪列車。

6000系（西武）

由西武池袋站經港未來線，行駛到元町、中華街。

50070系（東武）

行駛東武東上線，到港未來線的元町、中華街。

8000系

澀谷站還在地面上時的主力車輛。

10000系（東京地下鐵）

運用東武東上線、西武池袋線，行駛到元町、中華街。

1000系

駛入地下鐵日比谷線的車輛。

7000系

四方形的外形引來「便當盒」的稱呼。

東急 目黑線 | 目黑┈┈田園調布┈┈日吉

由目黑駛入東京地下鐵南北線、都營地下鐵三田線。田園調布到日吉之間則和東橫線共用線路。

3000系
配有單人駕駛與可駛入地下鐵的必要設備。

5000系 5080 番台
2003年3月上線營運的車輛。急行行駛目黑～日吉之間，停靠武藏小山、大岡山、田園調布、多摩川、武藏小杉等站。

5000系
有「綠青蛙」的暱稱。

1000系
東橫線車輛改造轉用，以1000系1500番台加以區分。3節編組運行。

7000系
2007年開始營運的池上線車輛。池上線的車輛和多摩川線共用線路。

東急 池上線 | 五反田┈┈蒲田

行駛東京南部住宅區的路線，五反田車站的月台位於大樓的4樓。

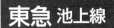

7700系
更換7000系的機器後形式名稱改變。

3450系
過去的主力車輛，1980年代初期有許多車輛。

1000系
3節編組，是只有司機員的無車掌列車。

東急 田園都市線 澀谷┈二子玉川┈中央林間

由澀谷駛往二子玉川等東急集團開發的市鎮。也有駛入東京地下鐵半藏門線的區間。

5000系

2002年5月開始行駛的田園都市線車輛。

8000系 田園都市線的主力車輛，以10節編組行駛。

2000系 只有3個編組的稀有車輛。

5200系 東急最早的不鏽鋼車體列車。

東急 大井町線 大井町┈二子玉川┈溝之口

和池上線、目黑線、東橫線交會，一直行駛到和田園都市線交會的二子玉川之間的路線，2009年7月之後延伸行駛到溝之口。

8000系

以5節編組行駛。

9000系 5節編組的普通車用車輛。共有15節編組75輛，是大井町線的主力車輛。

6000系 2008年3月開始營運的急行列車用車輛。大井町線中只有這種車輛為6節編組，其他都是5節編組。

7700系 曾在大井町線行駛過一段期間。

東急 世田谷線　下高井戶┈┈三軒茶屋

行駛於東京世田谷區的路線。

300系 電車與月臺之間沒有高低落差，可以輕鬆上下車的電車。有各種顏色的車廂。

80系 行駛到300系啟用為止。

橫濱高速 兒童王國線　長津田┈┈兒童王國

橫濱高速保有線路，但由東急營運的路線。

Y001系 2000年3月開始行駛，2節編組。

港未來線　橫濱┈┈元町・中華街

從東橫線的橫濱站行駛到元町、中華街的路線。

Y500系 和東急東橫線、東京地下鐵副都心線等直通運行，行駛到東京都內和埼玉縣等地。

京急 京急本線　泉岳寺┄┄品川┄┄浦賀等地

由品川沿著東京灣往西南方行駛的私鐵。
也駛入都營地下鐵淺草線內。

600形 1994年登場的3門車,有不同顏色的車廂。

1000形 有駛入地下鐵淺草線,也有駛往羽田機場的超級活躍車輛。照片是車身為鋁製的1000形。

1000形 1000形自2007年增加的車輛之後,車身由鋁製改為不鏽鋼製,同時也更改了側面的設計。右為北總鐵道的7800形。駛入羽田機場的國內線航廈。

2100形 主要行駛泉岳寺、品川往三崎口的快速特急電車。

1000形 1800番台 1000形在2016年新增車輛起改為貫通形,因此以1800番台加以區分。4節編組,也會和8節編組連結行駛。

機場快特

由羽田機場行經都營地下鐵淺草線穿過東京中心區，駛往成田機場等地的路線。車輛是600形。

800形

有著「達摩」暱稱的車輛。

1500形

1985年登場的主力車輛。

2000形

啟用當時作為快速特急使用。現在是3門車廂的普通車。

deto

線路檢查與維修用的車輛。

1000形

曾是京急的代表性車輛。

600形

曾行駛過快速特急列車。

500形

過去曾行駛急行與普通列車。

京王 京王線等 | 新宿┈京王八王子等地

從新宿出發，沿著甲州街道西行的私鐵。
也駛入都營地下鐵新宿線。

8000系 主要使用在特急、準特急行駛的京王線代表性車輛。

7000系 京王線最早的不鏽鋼車體列車。
照片是普通車。

9000系 京王電鐵擁有8節編組和10節編組的列車。
部分10節編組列車會駛入都營地下鐵新宿線到本八幡。

5000系 1960年代登場的人氣車輛。

6000系 京王電鐵裡最早的20公尺級車輛。8000系等車輛登場後退役。

京王 井之頭線 澀谷┈┈吉祥寺

澀谷出發，穿越東京寧靜的住宅區行駛到吉祥寺。

1000系

井之頭線的代表性車輛。車頭與色帶有7種，右圖的車廂是淺藍色。

紫蘿蘭

象牙白

橙紅色

藍綠色

橙米色

亮綠色

3000系

最早塗裝為七色的車輛。

1900系

不鏽鋼車體的列車出現之前都是綠色的。

西武 池袋線·新宿線等

池袋⇢吾野；西武新宿⇢本川越等

由池袋、新宿駛往東京西部、埼玉縣所澤等地的私鐵。部分電車會駛往秩父線（吾野～西武秩父）。

30000系

有著「微笑電車」暱稱的電車 2008年4月開始營運的車輛。

10000系
使用在「秩父號」「小江戶號」等列車的車輛。有「新紅箭」的暱稱。

2000系

西武現行車輛裡，最早使用4門的車輛。上面照片是後期型的車輛，車頭上部不太一樣。後期型車輛也有「新2000系」的暱稱。

4000系
2016年4月，由4000系改裝而成的觀光列車，名稱是「西武·旅遊餐廳·52座的幸福」。

4000系

照片是快速急行。平日行駛飯能～西武秩父之間，只在週六和假日行駛到池袋。

9000系 行駛於池袋線。外型和2000系很相似。

20000系 西武最早配備LED目的地標示板的車輛。

101系 過去曾是西武的代表性車輛,現在只在多摩湖線和多摩川線等路線行駛。

6000系

駛入東京地下鐵有樂町線、副都心線的車輛,10節編組。左邊是2000系。

301系

外型和101系等相近,但這款是8節編組行駛的。

E31形

相當於JR的「ED形」機車頭。2010年3月退役。

501系 1950年代的車輛。

701系 西武1960年代的代表性車輛。

5000系 以「紅箭」的暱稱聞名。

東武 伊勢崎線・東上線等

淺草━伊勢崎、池袋━寄居等地

路線網從淺草、池袋，延伸到埼玉線、栃木縣的私鐵。

SPACIA

東武的代表性特急車輛。行駛「鬼怒號」「華嚴號」等班次。車輛是100系。照片裡是過了荒川鐵橋，正駛往日光的「華嚴號」。

6050系

快速用的車輛。部分電車行駛到會津鐵道的會津田島。

6050系（野岩鐵道）

野岩鐵道的車輛。車頭左下方的車號是61101和62101。

6050系（會津鐵道）

列車編號的數字61201和62201是會津鐵道的車輛。有1編組。

634型

將6050系改造為觀光用的車輛，暱稱是「晴空塔列車」。634這名稱的來源，是晴空塔的高度634公尺。

350系 由1800系改造而成的車輛。使用在淺草～東武宇都宮之間的特急「下野號」等班次上。

250系 使用在淺草～伊勢崎、赤城之間的「兩毛號」。

300系

這款也是改造自1800系的車輛。與350系的差別在於6節的較長編組。

253系（JR東日本）

和SPACIA 同為行駛新宿～鬼怒川溫泉間的列車。J253系是第一代的成田特快車，更改過塗色而成。

SPACIA 鬼怒川號

駛入JR東日本線路，行駛新宿～鬼怒川溫泉間的列車。照片的車輛，是紀念日光東照宮四百年式年大祭的特別塗裝車。

兩毛號

過去的「兩毛號」是急行列車。使用1800系。

華嚴號

車輛是名為「DRC」的1720系。

1800系 過去曾是特急「兩毛號」的專用車，現在只剩下一個編組。

50050系

2006年開始營運的伊勢崎線（東武晴空塔線）、日光線用的車輛。也會駛入東京地下鐵半藏門線，行駛到東急田園都市線的中央林間。

30000系
從東京地下鐵半藏門線駛入東急田園都市線，行駛到中央林間。

20070系
駛入東京地下鐵日比谷線的20000系車種中，最後加入的車輛。全部都是3門車。

20050系
駛入東京地下鐵日比谷線的車輛。前頭與最後2節都是5門車廂。

20000系
駛入東京地下鐵日比谷線，橫貫東京中心區行駛到中目黑，是3門車廂。

10080系

10000系車輛群的增配車輛，機器類使用新型的。只有4節1編組在行駛。

5000系（東急）

由伊勢崎線的押上經東武動物公園，行駛到日光線南栗橋。

5050系

將78系車身翻修後，以8000系相同的形式行駛。2007年退役。

08系（東京地下鐵）

東京地下鐵半藏門線的車輛，直接駛入押上。

03系（東京地下鐵）

由北千住行駛到東武動物公園，是東京地下鐵日比谷線的車輛。

50000系

東上線（池袋～寄居間）用的車輛，以10節編組行駛。幾乎相同形式的50070系，則是駛入東京地下鐵有樂町線、副都心線用的車輛。

50090系

50090系是「TJ Liner」用的車輛。照片是紀念東武東上線全線通車90周年開始行駛的「Flying東上號」復古色列車。

10000系

這一系列可以由編號的百位數字得知編組的節數。

TJ Liner

早晚尖峰時間行駛的無站位列車，使用的是將長椅改為雙人座椅的50090系列車。

10030系

行駛伊勢崎線、東上線等線的列車。當車輛編號的百位數是6時，表示是6節編組。

800系

800系是將8000系改為單人運行的車輛，運用在伊勢崎線的館林～伊勢崎，以及桐生線、小泉線等路線上。

9050系

9000系的改良型，一共有2個編組。此系也可以駛入地下鐵的路線。

9000系

駛入東京地下鐵有樂町線、副都心線的車輛。以10節編組運行。

8000系

2016年登場的「龜戶線復古塗裝」的車輛，龜戶線是曳舟～龜戶之間的路線。

10030系

10030系是以淺草出發的伊勢崎線主力車輛，以6節、4節、2節的混合編組行駛。

8000系

活躍在伊勢崎線、東上線等的通勤車。

8000系

改回1963年登場當時塗色的車輛。

60000系

不斷加入新車的野田線（東武都市公園線）用車輛。這條野田線從2016年3月起也開始行駛急行班次。

2000系

最早從北千住駛入東京地下鐵日比谷線的車輛。

7800系

過去行駛伊勢崎線、東上線的東武代表性車輛。

ED5060形

過去貨物運輸相當興盛時代的代表性電力機車頭。

京成 京成本線·押上線等

路線網由東京的老街上野等地延伸到千葉方向的私鐵。和都營淺草線和北總鐵道互相直通運行。

Skyliner

2010年7月，隨著成田新高速鐵道（成田SKY ACCESS）的通車開始營運，以最高時速160公里，行駛京成上野～成田機場區間。

3000形 最近數量增加中的通勤車，分為6節與8節編組。

3050形 行駛羽田機場和成田機場之間「ACCESS特急」的京成車輛；在成田SKY ACCESS區間內，以最高時速130公里行駛。

3700形 京成最早配有VVVF變頻變壓控制系統的通勤車。

3400形 使用AE車主要機器的通勤（右）。

3500形 京成最早安裝冷氣設備的不鏽鋼車體通勤車。

3600形 京成最早啟用的省能源型通勤車。

1500形（京急） 經過都營地下鐵淺草線，從押上駛入京成線。

Skyliner 曾經行駛京成上野和成田機場區間。車輛是第2代的AE100形。

Skyliner 啟用當時的第一代AE車塗色是長這樣的。

Skyliner 1983年秋天開始運用，1990年時交棒給AE100形。

3150形 1963年登場的通勤車。這張是1984年左右的照片。

3200形 京成最早的雙開式車門的車輛。

3300形 1968年在3200形之後登場的通勤車。

北總鐵道

京成高砂┉┉印旛日本醫大

東京的老街開往千葉新市鎮的私鐵。
2010年7月，成田新高速鐵道（印旛日本醫大～
成田機場）啟用，包含北總鐵道路線在內的京成
高砂～成田機場之間，便成為京成的成田空港線
直通運行進成田機場。

7500形

2006年登場的北總
主力車輛。

9200形

2013年3月登場的千
葉新市鎮鐵道的最新
型車輛。此外，千葉
新市鎮鐵道（小室～
印旛日本醫大），列
車的駕駛、維修等都
委由北總鐵道進行。

9000形　原屬住宅都市整備公團
的車輛（右）。

7300形

和京成的3700形屬同系列的
車輛，共有7300形7300番台
和7800番台二種，7800番台
是借自京成電鐵的車輛。

7000形

1979年北總鐵
道開業時登場
的車輛。

9100形 列車屬於千葉新市鎮鐵道,由北總鐵道負責營運。

成田夢牧場 繞行夢牧場花園一圈的小火車。是過去曾在煤礦使用過的車輛。

N800形 2005年登場的通勤電車。

新京成 京成津田沼━松戸

行經千葉縣的住宅區,連結JR總武線與常磐線的私鐵。

8900形 1993年登場的車輛,現在仍營運中。

8800形 8800形是新京成數量最多的車輛,照片是新塗色,這種更改塗裝的列車愈來愈多。

8000形
新京成最早安裝冷氣設備的車輛,1978年登場。

100形
開業當時都是使用來自京成的中古車輛。

73

東京地下鐵 銀座線　淺草⟷澀谷

日本最早完成的地下鐵。

01系

銀座線的車輛。備有冷氣的鋁製車體列車。

2000形

01系啟用後退役的車輛。

1000系

2012年4月在銀座線上登場的新型車輛。特色是很像東京的地下鐵通車當時的形式。

東京地下鐵 丸之內線　池袋⟷荻窪

路線呈U字型，駛過東京都中心地區。

02系

丸之內線的車輛。和銀座線都是使用軌道側面取得電力的第三軌供電方式。

500形

02系啟用後退役。部分的列車轉讓給阿根廷。

東京地下鐵 日比谷線　北千住⟷中目黑

地下鐵最早開始相互駛入的路線。現在和東武晴空塔線（伊勢崎線）進行相互駛入營運。

03系

日比谷線的車輛。部分編組的第一和最後這2節車廂是5門的。

20050系（東武）

從北千住駛入，橫貫東京中心區行駛到中目黑。

東京地下鐵 東西線 中野┄┄西船橋

東西向橫貫東京中心區行駛到千葉縣。和JR總武線和東葉高速鐵道相互駛入。

05系 東西線的車輛。1993年製造的第19編組以後都是如照片中的新車貌。

05系 啟用時的模樣。也有寬車門的車輛行駛。

2000系 (東葉高速) 東葉高速鐵道是行駛西船橋到東葉勝田台的私鐵,與東西線相互駛入。

15000系 2010年5月開始營運的車輛,門的寬度由之前的130公分拉長到180公分的「全寬車門車」。

5000系 東西線開業時登場的車輛。

301系 (國鐵) 打造來作為駛入東西線的車輛(右)。

E231系 800番台 (JR東日本)

由中央線的三鷹、中野,經過東西線行駛到總武線津田沼的JR駛入地下鐵車輛。

75

東京地下鐵 千代田線　北綾瀬↔綾瀬↔代代木上原

由東京的東北部，斜穿過東京中心區行駛到東京西南部的路線。有駛入JR常磐線與小田急線。

千代田線通車時啟用的車輛。

06系

1992年登場，只有一個編組在運用。

E233系（JR東日本）

以E233系2000番台來區分。車身的形狀和其他的E233系有所不同。

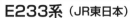

16000系 2010年11月登場的車輛，馬達採用新方式是一大特點。2015年的增備車之後，所有車輛都增加了自由空間。

4000形（小田急）

小田急駛入地下鐵區間的車輛，2016年3月也開始駛入JR常磐線。

05系 綾瀬～北綾瀬之間的專用車輛。
05系雖是東西線用車輛，但有部分移轉到千代田線使用。

東京地下鐵 有樂町線　和光市┅新木場

從埼玉縱貫東京中心區，行駛到臨海地區的新木場。

6000系（西武）

由練馬經由西武有樂町線，在小竹向原駛入。

10000系

有樂町線和副都心線用的車輛，直通運行東武東上線和西武池袋線。

50070系（東武）

東武的直駛地下鐵專用車輛，東武的車輛裡，除了50070系之外，還有9000系和9050系也直駛地下鐵線。

7000系

有樂町線開業時登場的車輛。

東京地下鐵 半藏門線　澀谷┅押上

由東急田園都市線的澀谷，穿過東京中心區行駛到東武伊勢崎線的押上。

08系

半藏門線的新型車輛。另有8000系在行駛中。

8000系（東急）

東急的車輛，由澀谷駛入半藏門線，行駛到東武日光線的南栗橋。

50050系（東武）

東武的地下鐵線相互駛入用車輛。由南栗橋等站經過東京地下鐵半藏門線，行駛到東急田園都市線的中央林間。

東京地下鐵 南北線　目黑┅赤羽岩淵

從東急目黑線的目黑，南北向穿過東京中心，銜接上埼玉高速鐵道。

9000系

南北線的車輛。南北線的車站都設有月台門，列車不配置車掌。

東京地下鐵 副都心線 | 和光市┅┅澀谷

2008年6月通車的路線，和光市～小竹向原之間和有樂町線共用軌道。和東武東上線、西武池袋線、東急東橫線互相駛入。

50070系（東武）

駛入副都心線的東武車輛，直通運行森林公園～元町、中華街區間。

10000系

副都心線、有樂町線用的新型車輛，和前一款7000系一起營運。

6000系（西武）

駛入副都心線的西武車輛，直通運行西武池袋線的飯能～元町、中華街區間。

5000系（東急）

東急駛入副都心線用的車輛，元町、中華街直通運行東武東上線、西武池袋線。

都營地下鐵 大江戶線 | 都廳前┅┅飯田橋┅┅兩國┅┅新宿┅┅光之丘

呈現6字形的路線行駛東京中心區。

12-600形

大江戶線的最新型車輛。編組數量還不多，不太容易看到。

12-000形

車身小了一圈，是使用線性馬達的迷你地下鐵。

都營地下鐵 淺草線 　西馬込⊷泉岳寺⊷押上

都營地下鐵裡最早通車的路線。1960年時押上～淺草橋之間就已開始營運。現在和京急線、京成線、北總線相互駛入。

5300形

淺草線的車輛。駛入京急線的到羽田機場，京成線則駛到成田機場。

9100形（北總）

由羽田機場經由京急線、淺草線、京成線，行駛到印旛日本醫大。

3000形（京成）

在押上駛入淺草線，在泉岳寺進入京急線，行駛到羽田機場。

600形（京急）
由泉岳寺駛入淺草線，在押上進入京成線駛到成田機場。

5000系　淺草線通車時同時營運的車輛。

5200系　作為增備車而添購的車輛。

都營地下鐵 三田線　目黑 ⧓ 西高島平

由東急目黑線的目黑縱貫東京中心，
經過巢鴨行駛到西高島平。

3000系（東急）

駛入三田線的東急目黑線車輛。

6300形　三田線的車輛。三田線每個車站都有月台門，列車不配置車掌。

10-400形　形式分類在10-300形內，但車頭的形狀和儀器不同，因此本書中稱為10-400形以加以區分。指10-490編組以後的車輛之意。

10-300形

2005年登場的車輛，10-370編組之後，8節編組都是這種形態的。

都營地下鐵 新宿線　新宿 ⧓ 本八幡

新宿出發橫貫東京中心區行駛到千葉縣市川市。
和京王線相互駛入。

10-000形　1978年和新宿線通車同時運用的車輛。

9000系（京王）　駛入新宿線的京王車輛，10節編組行駛橋本～本八幡之間。

都電 荒川線　三輪橋↔早稻田

東京唯一留存的路面電車。行駛於鬧區。

8900形　2015年9月開始營運的最新型都電。可惜的是由於輛數不多，還不太容易看到。

8800形　2009年4月開始營運的車輛，為了取代老舊的7500形而開發的。

9000形

2007年5月開始營運的車輛，特色是模做明治到昭和時期東京市電的「復古形」設計。

7000形　為因應1978年開始的都電1人營運而打造的車輛。

7700形

2016年5月時將7000形換裝馬達等機器後登場。車身塗裝也大幅改變。飛鳥山站和8800形（照片右）並排。

8500形　都電裡最早使用VVVF變頻控制的車輛。

7500形（左）　1984年，都電中首度裝上冷氣的車輛。2011年退役，右為7000形。

7500形‧7000形　和左邊的照片形式相同，但和現在的塗色和外觀都不同。

6000形　在都電最活躍年代時的主力車輛。

筑波快線 秋葉原┉┉筑波

2005年通車,是由東京都心直通茨城縣筑波的鐵道路線。

TX-1000系 只行駛於秋葉原到守谷之間的直流電車。

TX-2000系 可以行駛直流和交流電區間的交直流兩用電車,從秋葉原直駛筑波。

日暮里·舍人線 日暮里┉┉見沼代親水公園

2008年3月通車的捷運系統,由JR山手線和常磐線等集中的日暮里行駛到見沼代親水公園。

300形 通車便開始運用的車輛,5節編組行駛。

330形 2015年10月登場的新型車輛,特色是類似百合海鷗線7300系的外觀。照片攝於日暮里站。

埼玉高速 赤羽岩淵┉┉浦和美園

東京地下鐵南北線的赤羽岩淵,行駛到離埼玉體育場2002最近的車站浦和美園。

2000系

2001年通車時啟用的車輛。經過東京地下鐵南北線,行駛到東急目黑線的日吉。

橫濱市地下鐵 藍線

湘南台⊪⊪橫濱⊪⊪薊野

南北縱貫橫濱市的地下鐵。

3000形

1992年登場的形式，
但照片上是2004年添
購的增備車。

1000形

1972年橫濱地下
鐵通車時營運的
車輛。

2000形 1984年登場的車輛。

橫濱市地下鐵 綠線

中山⊪⊪日吉

2008年3月通車的新路線，路線
由JR橫濱線的中山站到東急東
橫線的日吉站。

10000形

特色是車身比藍線的小
以4節編組行駛。

東京單軌電車 　單軌電車濱松町 ⊷ 羽田機場第2大樓

1964年通車，是日本最早的正式單軌電車。
由於是跨著軌道行駛，因此名為「跨座式」。

2000形　1997年登場的車輛。

10000形　2014年登場的最新型車輛，除了車內更加舒適之外，放置行李箱的空間還加大了。

1000形

1989年登場，右側照片
的車輛，是恢復通車時
塗色的特別塗裝車。

上野動物園單軌電車 　上野動物園東園 ⊷ 上野動物園西園

行駛上野動物園東園與西園之間，開業於1957年，是日本
第一條的單軌電車。由於在動物園內，因此動物園休園時不
會行駛。

40形

由於採用倒吊方式行駛，正式
名稱為「懸垂式」。照片是第
4代的車輛。

多摩都市單軌電車　多摩中心 ⇿ 上北台

南北縱貫東京多摩地區的單軌電車。

1000系

跨在軌道上行駛的跨座式單軌電車。

千葉都市單軌電車　千葉港 ⇿ 縣廳前・千城台

行駛千葉市中心區的單軌電車。

0形

2012年登場的最新型車輛。由於這次的增備，便報廢了1000形最早期的車輛。

1000形

倒吊在軌道下方行駛的懸吊式單軌電車。

百合海鷗號　新橋 ⇿ 豐洲

由新橋行駛到東京臨海副都心的捷運系統。

7300系

2014年1月開始營運的最新型車輛，特色是前照燈只有1個。

7000系

1005通車時營運的車輛。

7200系

1999年時第一編組登場，製造年份不同會有不同的塗色。

臨海線　新木場 ⇿ 大崎

行駛臨海副都心，由新木場到大崎。大崎之後進入JR崎京線直通運行到川越。

70-000形

擁有和JR209系相同性能的臨海線用車輛。

相鐵 相鐵本線·泉野線

擁有橫濱向西路線網的私鐵。

10000系

2002年登場的車輛,以JR東日本的E231系為藍圖打造,因此由側面看過去,車內的模樣很相似。

9000系

1993年啟用的鋁製車輛。共有7個編組70輛在行駛。

9000系

照片是2016年翻修的車輛,車身的塗裝稱為「YOKOHAMA NAVY BLUE」。

11000系

2009年登場的車輛。幾乎外觀和機器類都使用JR東日本的E233系為藍本打造,但車頭外形不同。

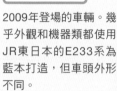

8000系

1990年登場的車輛。10節車廂的編組中,有2節車廂是混合式座位。

6000系 以前的相鐵車輛，就是以這車色為基本色調。

5000系 相鐵中最早配置冷氣的車輛。

新7000系 1986年登場，和1975年登場的舊7000系相比，外觀上有很大的不同。

湘南單軌電車　大船┼┼┼┼湘南江之島

神奈川縣大船到江之島的懸吊式單軌電車。

5000系

湘南單軌電車的車輛。每個編組車身色帶都不一樣。由於5000系的登場，500系便於2016年6月退役。

500系 湘南單軌電車裡最早配備冷氣的車輛。

橫濱沿海單軌電車線　新杉田┼┼┼┼金澤八景

行駛於橫濱南部海邊的捷運系統。

1000形 1989年通車時開始營運的車輛。

2000形

2011年2月開始營運。
現有16編組都統一為2000形，
1000形已經報廢。

江之電 藤澤⟷鎌倉

神奈川縣的藤澤經過湘南海岸，
到達古都鎌倉的路面電車。

500形 2006年啟用的新型車輛。
現在有2個編組4節車廂行駛。

2000形 座位是固定式雙人座的車輛。
照片攝於鎌倉市內。

1000形 江之電裡車輛數最多的形式，有6個編組12節車廂。
照片中的車輛，是紀念和台灣平溪線進行觀光合作的彩繪列車。

10形

1997年登場的車輛,「復古風」的外觀是其特色。照片攝於江之島附近,和汽車平行行駛的狀態。

20形 特色是「復古風」的形式,上面照片是紀念全線通車100年的彩繪車輛。

300形 經過各種改造的車輛,外觀也各不相同。

100形

頗受歡迎的車輛。目前只剩下1節車廂,慎重地保存在車庫裡。

500形

1956年登場的最早連接車。

伊豆箱根鐵道 駿豆線　三島 ⫶⫶⫶ 修善寺

靜岡縣的三島往中伊豆方向的私鐵。

7000系　座位是可翻轉式雙人座的不鏽鋼車體列車。

3000系　有6個編組18節車廂，是駿豆線數量最多的車輛。

1300系　由西武接收的新101系改造而成的車輛。
前頭的形狀還留有西武時代的影子，共有2個編組。

踊子號（JR東日本）

東京直通的列車，行駛到修善寺。照片是185系的5節編組。

ED31形

電力機車頭，使用在線路檢查與維修上。

1100系　原為西武的701系。

1000系

過去的駿豆線代表性車輛。

1000系

來自西武的501系。顏色也是當時的西武色。

伊豆箱根鐵道 大雄山線

小田原┅┅大雄山

從小田原沿著箱根群山駛往東北方。

5000系

行駛大雄線的全是5000系列車。

moha150形

曾是大雄山線的主力車輛。有「17米國電」之稱。

5000系 第2編組起都是不鏽鋼車體。

箱根登山鐵道

小田原┅┅箱根湯本┅┅強羅

登上天下之險箱根山的登山電車。

1000形

有「伯連納號」的暱稱，座位是可翻轉式雙人座。

2000形

箱根登山中首款冷氣車。座位則是不可調式雙人座。

3000形 2014年登場的新型車輛，有「冰河列車Allegra」的暱稱。經常可以看到和2000形連結的3節編組行駛。

moha 1形 擁有悠久歷史的車輛，可說是箱根登山的顏面。

moha 2形 維持古早的車體塗色，但仍是現役車輛。

moni 1形 檢查與維修之用。（照片右側的車輛）

秩父鐵道 羽生┅┅熊谷┅┅三峰口

路網以埼玉線秩父為中心的私鐵。

5000系
原為都營地下鐵三田線的6000系。

6000系
2006年3月登場的急行用車輛。
原為西武101系,現已改為雙門的雙人座椅形式。

7800系
7800系是改造東急8090系的車輛群。7500系也是改造8090系的車輛,前頭直接使用原有車輛,而7800系則是將中間車改造為前頭車而成。

7500系
原為東急8090系,2010年3月開始運用。

7000系
2009年3月開始運用,原為東急的8500系。引進的目的在於汰換1000系。

1000系
原為JR東日本的101系,塗色上有國鐵時代中央線的朱紅色和黃色、水藍色等,備受矚目。

deki 100形

秩父鐵道由於水泥材料石灰石的運輸需求，擁有許多電力機車頭。deki100形是在1951年開始營運的。

C58形

二次大戰前到戰後製造的蒸氣機車頭，已有70年以上的歷史。

deki 200形

1963年登場，現在塗色已改為紅褐色。只有照片上的deki 201還在運用。

deki 300形

1967年登場，有3輛還在牽引貨物列車。

deki 500形

1973年上線的電力機車頭。右邊照片的deki 502是黃色帶褐色帶的塗裝。共有7輛在運作中，數量最多。

100系

曾為秩父鐵道的代表性車輛。

500系

1960年代開始營運的通勤型車輛。

1800系

來自小田急的車輛。

2000系

原為東急的7000系。

3000系

曾行駛急行「秩父路號」。

上毛電鐵　中央前橋┅┅西桐生

行駛於群馬縣赤城山麓的私鐵。

700形

原為京王井之頭線的3000系。上毛的車輛全是700形的。

100形

用於檢查與維修，現在仍在第一線服役。

上信電鐵　高崎 ⊢⊢⊢ 下仁田

由高崎經上州富岡，駛往妙義山方面的私鐵。

6000系

上信的代表性車輛。
有1編組2節車輛在營運。

7000系

沿線上的「富岡製線廠」獲得登錄世界遺產而打造，2013年上線營運。是上信電鐵最早使用VVVF變頻的車輛。

250系 1981年與6000系同時登場的車輛。

150系 改造自西武701、801系的車輛。

200系 上信自購的車輛，駕駛座在右側。

150系 改造自西武401系的車輛。

500系 2004年開始運用，原為西武的101系。

1000系 1976年的自購車輛。

ED31形

來自舊國鐵的電力機車頭。

貨車

用於檢查與維修等方面。

deki 形 上信電鐵中最受歡迎的電力機車頭，共有2輛。

渡良瀨溪谷鐵道 桐生╫間藤

沿著渡良瀨溪谷行駛的群馬縣第三型態鐵道。

WKT500形 照片是2015年登場的車輛，當初營運的巴士型車輛已全部退役。

WKT550形 2012年登場的「小渡號小火車」用的車輛。WKT510形在2013年引進，通常和此形車輛編組行駛。

wa89形

1990年增購的WA89型310番台。

wa89形

巴士型的小形柴油車，200番台是固定非字型座椅，100番台是長椅。

渡良瀨溪谷號小火車

觀光列車。中間二節是小火車（為了觀賞風景而未設玻璃的車輛）。

wa89形 300番台是可變換方向的雙人座椅。

關東鐵道 常總線·龍崎線 取手╫下館、佐貫╫龍崎

關東鐵道是長總築波鐵道與龍崎參宮鐵道合併後的私鐵,行駛於關東平原北方的茨城縣,擁有許多柴油車,甚至被喻為「柴油車王國」。

kiha2100形
關東鐵道的代表性車輛。以2節編組行駛常總線。

kiha2300形
常總線的車輛。以2節的編組行駛。

kiha2200形
1節編組,可以不配置車掌的列車。行駛於常總線。

kiha2400形
2004年登場。kiha2300形只有單邊有駕駛座,此形雙邊都有。

kiha5000形
2009年10月登場,可以和kiha2300形、kiha2400形編組行駛。

kiha2000形 行駛佐貫到龍崎的龍崎線上柴油車。

kiha532形 龍崎線用的車輛。使用舊國鐵的kiha20形的機器打造。

kiha100形 車身的藍色與乳白色,是前身常總筑波鐵道的顏色。

kiha310形 翻新舊國鐵kiha10形而成的車輛。

kiha0形 車身是新造,但車輪等機器部分是舊國鐵kiha20形的車輛。3節編組。

kiha300形

從以前的國鐵受讓的車輛,國鐵時代為kiha30形。

DD502形

柴油機車頭,幾乎都停放在車庫備用。

kiha350形

這也是從舊國鐵接收來的車輛。kiha35形、kiha36形是國鐵時代的型號。

kiha41300形

原為國鐵的kiha04型。

流鐵　馬橋⊢⊣流山

2008年8月，公司名稱由總武流山電鐵改為流鐵。由JR常磐線的馬橋站開車，全長5.7公里。

5000形　接收西武新101系的車輛。每一輛都有「流馬」（上照片右）、「流星」「赤城」（上照片左）、「若葉」「油菜花」（左照片）等暱稱。

2000形

接收西武701系改造的車輛。

3000形

這款原為西武101系。

活躍到1970年代的懷念列車們。

kuha50形

kuha50形

moha1100形

小湊鐵道　五井⊢⊣上總中野

JR內房線的五井到夷隅鐵道的上總中野之間的單線私鐵路線。

里山小火車

2015年11月開始營運的小火車。由蒸氣機車頭形式的機車頭牽引4輛客車運行。

kiha200形

行駛小湊鐵道的主力車輛，共有14輛。

鹿島臨海鐵道

水戸 ⬌ 鹿島足球場 ⬌ 鹿島神宮　沿著太平洋岸行駛的茨城縣第三型態鐵道。

8000形

2016年3月登場的最新型車輛,配備了高性能的新型引擎。座位是長椅。

6000形

1985年水戶～鹿島神宮間通車時登場的車輛。

KRD64 形

2004年登場的柴油機車頭。機車頭另有KRD形。

7000形

主要使用在包車的車輛。

夷隅鐵道

上總中野 ⬌ 大原　行駛於房總半島的第三型態鐵道。

夷隅 300 形

2012年開始營運。
非字型座椅,有廁所。

夷隅 350 形

2013年開始營運,長椅、沒有廁所。

夷隅 200 型

1988年承接JR東日本木原線開業時登場的車輛。

kiha52形

過去曾行駛大糸線的車輛,接收自JR西日本。

kiha28形

接收自JR西日本的車輛,保持國鐵急行的塗色。

kiha20形

以國鐵kiha20形為藍本,於2015打造的車輛。

常陸那珂海濱鐵道 勝田—阿字之浦

2008年4月1日接收茨城交通的第三型態鐵道，由JR常磐線的勝田站開車。

kiha37100形

茨城交通時代的2002年登場的車輛，和kiha3710形外形近似，但安全裝置不同因此使用不同的形式。

kiha3710型

1995年登場的車輛，同系列共有2輛。

kiha11形

2015年12月開始營運的車輛，接收自JR東海和東海交通事業。

kiha20形

1996年由岡山縣的水島臨海鐵道轉移過來。原來是國鐵時代登場的kiha20 522，在水島臨海鐵道時加裝了冷氣。

miki300形

由廢線的兵庫縣三木鐵道移轉過來的車輛，直接沿用形式名稱。

kiha2000形

從廢線的北海道留萌鐵道接收過來，照片中是改為舊國鐵急行色的車輛。

kiha22形

接收自廢線的北海道羽幌炭礦鐵道，駕駛座的窗子有特別的加工，可以避免雪和水滴的附著。

真岡鐵道　下館┅┅茂木

從茨城縣北方行駛到栃木縣的第三型態鐵道。

C12形 牽引週六與例假日行駛「SL真岡號」的蒸氣機車頭。

C11形

部分營運會用這款蒸氣機車頭來牽引。

mooka14形

2002年登場，取代1988年真岡鐵道通車時登場的真岡63形。

DE10形 2004年接收的柴油機車頭，原來是JR東日本的DE10形。

mooka63型 真岡鐵道誕生同時登場的車輛。

銚子電鐵 銚子⇄外川

由總武本線終點站銚子，駛往突出於太平洋犬吠埼的私鐵。

3000系

接收自愛媛縣伊予鐵道的車輛，原來是非常著名的「過往的名車」，京王5000系。

2000形

2000形也是接收自伊予鐵道的車輛，更早之前是京王2010系，塗色也是當時的顏色。

2000形

2000形的第2編組是銚子電鐵的塗色，前面仍然維持京王2010的樣子。

1000形

將以前行駛地下鐵銀座線的2000系改造的車輛。

deki3形

堪稱為銚子電鐵象徵的小型電力機車頭。是來自德國的電力機車頭。

700形

接收自滋賀縣近江鐵道的車輛。

deki3形

這是deki3形老塗裝時的照片。

澪Tsukushi號

只在觀光季節行駛的小火車。客車是yu100形。

200形

這款裝了和以前路面電車一樣的集電弓。

第3章

甲信越·
北陸·東海

依路線別，介紹行駛於多山的
甲信越地方、多雪的北陸地
方，以及自古主要幹線匯集的
東海地方的JR與私鐵列車。

北陸新幹線 東京…高崎…金澤

北陸新幹線在1997年10月時，高崎～長野區間通車，2015年3月時通車到金澤。東京～高崎～上越妙高之間是JR東日本，而上越妙高～金澤之間則是JR西日本的路線。

新幹線 E7系 2014年3月登場，行駛最快2小時28分可駛完東京～金澤區間的「光輝號」等車次。12輛編組，第12車是特等車廂Gran Class。

新幹線 W7系

E7系是JR東日本的車輛，而W7系則是JR西日本的車輛。和北陸新幹線的金澤延伸線通車同時登場營運。也使用在富山～金澤之間的「劍號」等班次。

新幹線 E2系

使用在東京～長野區間「淺間號」用的8輛編組的新幹線，現已由定期列車行列退出。

● JR東日本

小海線 小淵澤…小諸

JR行駛路線中海拔最高的路線。

kiha110系

由於沿途都是陡坡，
配備了擁有強力引擎的車輛。

kihaE200形

運用以柴油引擎發電的電力、
加上蓄電池內電力以行駛的混
合動力柴油車。

HB-E300系

混合動力方式的柴油車。行駛觀光列
車「Resort View八岳號」和「Resort
View小海號」等車次

kiha52形

國鐵時代的
主力車輛。

DD16形

過去曾牽引
貨物列車行
駛。

● JR東日本・JR西日本

大糸線 松本…南小谷…糸魚川

從松本出發，北上朝日本海方向行駛的路線。以南小谷為界，北為JR西日本、
南為JR東日本。

E127系

大糸線的主力車輛。
以2輛編組行駛。

kiha120形

南小谷～糸魚川之間是
JR西日本的路線，由於
是非電化區間，由照片
上的kiha120形肩負行
駛任務。

ED60形

過去曾牽引
貨物列車行
駛。

舊型國電

一直行駛到國
鐵時代的1981
年為止。

211系

2013年登場，用來取代
國鐵時代至今的主力車種115系。

篠之井線　塩尻…篠之井…長野

連結長野縣代表性都市長野與松本的路線。會經過日本三大車窗之一的姨捨站。

信濃號

由大阪、名古屋行駛到長野。車輛是JR東海的383系。

313系　JR東海的車輛，由中央本線的中津川等站駛入篠之井線的松本。

211系　由中央本線的立川、高尾等站，行駛到篠之井線的松本和長野。JR東日本的車輛。

彩號

長野地區使用在團體列車或臨時列車的車輛，由485系改造而成。

EH200形　JR貨物的電力機車頭。

115系　JR東日本的115系。曾行駛立川～長野區間。

115系　照片中「湘南色」的115系是JR東海的車輛，現已由313系取代。

● JR東日本

飯山線 豐野…越後川口

沿著千曲川、信濃川行駛的路線,也駛入信濃鐵道的長野～豐野區間。

kiha110系

行駛JR東日本支線的柴油車。

kiha58形

國鐵時代的代表性柴油車。

魚野號

過去以kiha58形行駛的急行列車。

kiha52形

國鐵最後時期1980年代,車身就是這種顏色。

OYKOT 號 將kiha110形改造的觀光列車車輛,行駛長野～十日町區間。部分車次以2輛編組行駛。

赤澤森林鐵道 赤澤自然休養林內

森林鐵道原是將砍伐的樹木運出的鐵道,現在以觀光鐵道形式營運。是將過往木曾森林鐵道修復使用的路線。

赤澤森林鐵道

在中央本線上松站附近的赤澤自然休養林內行駛。

信濃鐵道 信濃鐵道線·北信濃線

輕井澤┅┅篠之井　長野┅┅妙高高原

接收部分JR信越本線路段的第三型態鐵道。
篠之井～長野區間駛入JR線內。

115系 車輛本身也是直接從JR東日本轉移到
信濃鐵道來。

169系

國鐵時代曾行
駛過急行「信
州號」。

六文號 信濃鐵道的觀光列車，車內可以享用沿線的著名料理。
營運區間是輕井澤～長野。

上田電鐵　上田┅┅別所溫泉

長野縣的私鐵，行駛北陸新幹線的上田到
別所溫泉區間。

7200系

過去曾行駛於東急
池上線等路線的車
輛。照片是上田電
鐵的原創色。

1000系

2008年接收自
東急的車輛，以
2輛編組行駛。

6000系 將原來東急的中間車加裝駕駛台後改造的車輛。
為了紀念上田的武將，而有「真田夢幻號」的暱稱。

長野電鐵　長野 ⊢⊣ 湯田中

長野出發經過善光寺，駛往志賀高原的私鐵。

2000系 一登場就是行駛特急的車輛，2012年退出定期班車行列。

3500系

接收自東京地下鐵日比谷線的車輛，以2輛編組行駛。

2100系 就是過去行駛「成田特快」的JR東日本253系。長野電鐵的暱稱是「雪猴號」。

3600系

接收自東京地下鐵日比谷線的車輛，以3輛編組行駛。

8500系

從東急接收的車輛，2005年加入長野電鐵。

1000系 特急「湯煙號」的車輛，原是小田急的浪漫特快車。

松本電鐵　松本 ⊢⊣ 新島島

長野縣的松本出發駛往新島島。
新島島站有巴士駛往上高地，很受到登山客的喜愛。

3000系 原為京王井之頭線的3000系，松本電鐵的電車全部都是3000系。

富士急行　大月⇄河口湖

由JR中央本線的大月站行駛到富士五湖之一的河口湖。

1000系　過去行駛京王線的5000系，現在是2輛編組。

8000系　「富士山特急」的車輛，原為小田急的20000形，行駛新宿～沼津之間的「朝霧號」等班車。

8500系

原為JR東海的371系，過去也行駛過「朝霧號」。2016年4月時，登場為「富士山景特急」。

5000系　1975年登場的富士急行自有的車輛。

6000系

使用為JR東日本的205系。

6500系

6500系原來也是JR東日本的205系，由於客用窗是下降式的單片窗，因此以不同形式標示。

富士登山電車

2008年8月登場，星期四之外每天行駛。

2000系

2016年退役，原為JR東日本的「阿爾卑斯號景觀特快車」。

越後 TOKImeki 鐵道 日本海翡翠線・妙高躍馬線　| 直江津⇆市振・妙高高原 |

由JR接收北越本線的市振～直江津之間，和信越本線的妙高高原～直江津之間營運的新潟縣第三型態鐵道。

雪月花號

2016年4月在越後TOKImeki鐵道登場的觀光用車輛，行駛上越妙高～直江津～糸魚川區間。

ET127系

原為JR東日本的E127系，行駛妙高躍馬線的妙高高原～直江津區間，可以飽覽妙高和戶隱的山巒美景。

ET122形

越後TOKImeki鐵道營運時登場的車輛。由日本海翡翠線的直江津，行駛到愛之風富山鐵道的泊。照片左是有6輛的一般用車輛，右則是有2輛的活動兼用車輛。

HK100形

北越急行的車輛，駛入直江津到新井的區間。

北越急行 北北線　| 六日町⇆犀潟 |

這條線上有非新幹線裡表定速度最快的列車「超快速雪兔號」行駛。

HK100形

行駛北北線的普通電車，也有天花板彩繪著星空的車輛行駛。行駛JR越後湯澤站～直江津區間。

681系

北陸新幹線通車之前，行駛越後湯澤～金澤之間的「白鷹號」。照片是JR西日本的車輛。

111

上越新幹線 | 東京…大宮…新潟

穿越三國山脈,連結東京與日本海側的新潟。

新幹線 E2系

使用在上越新幹線內東京～新潟的「朱鷺號」、東京～越後湯澤的「谷川號」的車輛,10輛編組。照片是新潟站開車時的景象。

新幹線 E1系

全雙層車廂的新幹線。2012年退役。

新幹線 200系

從上越新幹線通車時開始行駛的車輛,在2013年3月退役。

新幹線 E4系

使用在「Max朱鷺號」「Max谷川號」上的全雙層車廂新幹線。8輛2個編組形成的16輛編組,擁有世界高速鐵路裡最多的乘載人數。

E3系 現美新幹線

觀賞現代藝術下享受旅行的新感覺新幹線。車輛為改造E3系「小町號」而來。2016年4月開始行駛越後湯澤～新潟區間。

● JR東日本

白新線　新潟…新發田

新潟行駛到羽越本線新發田之間的路線。

115系 活躍在新潟地區的車輛，行駛到羽越本線的村上。

E129系 2014年12月登場的新潟地區用新型車輛。除了照片中的2輛編組之外還有4輛編組的列車。

● JR東日本

信越本線・越後線　直江津…新潟、柏崎…新潟

由直江津沿著日本海行駛到新潟。

白雪號 行駛新潟和越後TOKImeki鐵道上越妙高之間的特急列車。車輛為E653系的4輛編組。

越乃 Shu＊Kura 由越後TOKImeki鐵道的上越妙高站經過直江津、長岡等站後到達飯山線十日町站之間的觀光列車。

115系 活躍在新潟地區。行駛信越本線的直江津～新潟區間。

E129系 2014年12月登場以取代115系。

485系 特急「北越號」雖已停駛，但仍行駛糸魚川～新潟區間的快速列車。

E127系 行駛信越本線的長岡～新潟之間以及越後線等的車輛。

EF62形 行駛信越本線，經長野通往直江津地區的電力機車頭。

kiha47形 一直行駛到越後線電化為止的柴油車。

北陸本線 米原…金澤

滋賀縣出發，行駛日本海沿岸的福井縣、石川縣的路線。

Thunderbird

行駛於大阪到金澤之間，北陸本線的代表性列車便是「Thunderbird」。主力車輛是照片中的683系，6輛＋3輛的9輛固定編組。

白鷺號 行駛名古屋、米原～金澤區間。2014年3月之後，主力車輛改為照片中的681系。

Thunderbird 照片是最早行駛「Thunderbird」的681系車輛，目前行駛「Thunderbird」的主力車輛是683系。

EF510形 JR貨物公司的電力機車頭。

北越號

曾行駛於金澤到新潟之間的JR東日本特急，照片是485系。

雷鳥號485系

「雷鳥號」時代也有連結著觀景車廂的車次。照片是485系。

521系 行駛北陸本線米原、近江今津～金澤區間的車輛。

223系 照片中的新快速列車，由關西地區直接行駛到敦賀。

413系

將過去用於急行的471系等改造而成的車輛。

日暮特快

行駛大阪到札幌之間，距離冠於全日本的豪華寢台列車。於2015年3月退役。

475系 2015年3月之前，是北陸本線的代表性車輛。

419系 用過去行駛特急列車的583系改造成的電車。

日本海

過去由大阪行駛日本海岸到青森、函館的寢台列車。

白鷹號

過去JR東日本也有「白鷹號」列車，照片是485系。

加越號

過去行駛於米原與金澤等站之間，485系。

愛之風富山鐵道　俱利伽羅 ⇄ 市振

因為北陸新幹線通車營運，而接手JR北陸本線富山縣地區營運的第三型態鐵道。

521系

2015年3月正式營運時由JR西日本接收的車輛，有2輛編組的16編組，共32輛。

石川鐵道　金澤 ⇄ 俱利伽羅

因為北陸新幹線通車營運，而接手JR北陸本線石川縣地區營運的第三型態鐵道。

521系

2015年3月正式營運時由JR西日本接收的車輛，2輛編組。

● JR西日本

七尾線　津幡…和倉溫泉

由IR石川鐵道的金澤站經過津幡駛向能登半島。七尾到穴水之間也有能登鐵道的列車行駛。

花嫁暖簾號

行駛金澤～和倉溫泉之間的觀光列車。座位以半包廂為基本，可以享受用餐樂趣。

能登篝火號

2015年3月登場，行駛金澤～和倉溫泉之間的特急。照片是681系。

415系

配合七尾線的電化，將113系改造的車輛。以800番台作為區分。

413系

行駛北陸本線的小松～金澤之間，以及七尾線。照片是新塗色為地域色的車輛。

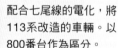

kuha455形

現存數量極少，原是國鐵的急行用車輛。現在多和413系共同編組。

● JR西日本

越美北線

福井⋯九頭龍湖

過去曾計畫連結福井與岐阜縣美濃太田的路線。
越美南線是現在的長良川鐵道。

kiha120形 行駛越美北線的列車全部是這款車輛。
照片攝於福井站內。

● JR西日本

小濱線

敦賀⋯東舞鶴

行駛於三方五湖等日本海邊若狹地方的支線。
2003年已改為電化區間。

125系 只以1輛車廂行駛的JR西日本車輛。

● JR西日本

冰見線

高岡⋯冰見

由富山縣高岡到以漁港聞名的冰見之間的路線。

kiha40形

使用兩側設有駕駛台的照片中kiha40，和只在單側設駕駛台的kiha47二種車輛。照片攝於雨晴站附近，可以欣到日本海的景色。

● JR西日本

城端線

高岡⋯城端

高岡出發駛過砺波平原後到達城端的路線。

kiha47形

車輛和冰見線為共用，部分列車直接駛入富山。

Belles montagnes et mer

以高岡站為中心，行駛冰見線、城端線的觀光列車。也會單獨稱為「Belles montag」，車輛是kiha40形。照片右方的海域是富山灣。

越前鐵道　福井⬌三國港‧勝山

原為京福電鐵福井鐵道部的第三型態路線。
福井出發，行駛到三國港與內陸的勝山。

6001形

2003年由愛知環狀鐵道接收來的車輛。照片中是只在早上行駛的快速列車。

7001形

JR東海119系改造而成的車輛，2輛編組。

L形 2016年3月，和福井鐵道進行互相駛入時登場。有著「ki-bo」的暱稱。

5001形 京福電鐵時代製造的車種。

6101形 從愛知環狀鐵道接收來的車輛。

teki521形 冬天用來除雪的電力機車頭。

1101形 原是阪神的車輛，只有1輛的稀有車輛。

2101形 2輛編組行駛。這款車也來自阪神。

2201形 同樣來自阪神的車輛，2輛編組行駛。

12 1970年代京福電鐵福井分公司時代的照片。

teki6形 可愛的電力機車頭，現在保存在勝山站前。

3001形 來自南海的車輛。接收自愛知環狀鐵道的車輛增多後退役。

福井鐵道　越前武生⇄田原町・福井站

擁有福井縣中南部的武生到福井路線的私鐵。

735形 原為德國司圖加特市的車輛，由土佐電交通接收來福井鐵道。

F1000形

2013年登場的新型車輛。直通行駛到越前鐵道的鷲塚針原。暱稱是「FUKURAM」。

800形 行駛過名鐵美濃町線等路線的路面電車。

770形 行駛過名鐵岐阜市內線、揖斐線等的2輛編組車輛。

880形 行駛過名鐵美濃町線等路線的mo880形，2輛編組。

600形 行駛過名古屋的地下鐵名城線。

200形 1960年登場的福井鐵道原創車輛。

610形 行駛過名古屋的地下鐵名城線。

deki11形 主要用於除雪。

deki3形 使用在檢查路線與維修。

560形 行駛過名鐵岐阜市內線的車輛。

140形 原為名鐵的車輛。

北陸鐵道 淺野川線・石川線

北鐵金澤✛✛內攤、野町✛✛鶴來

主要行駛於石川縣金澤市區內的地方私鐵。

8800系 過去行駛京王井之頭線的3000系。

8900系 這款也是京王的3000系，車身比8800系要寬些。

7100系 原為東急7000系。行駛石川線。

電力機車頭 ED20形（前方車輛）現在用來做冬天的除雪；ED30形（中央的車輛）則已退役。

3751系 石川線上以1輛編組行駛。

能登鐵道 七尾✛✛穴水

行駛能登半島上的JR七尾線的七尾到穴水之間的第三型態鐵道。到和倉溫泉之間另有「Thunderbird」駛入。

NT200形 能登鐵道的主力車輛，在穴水～蛸島區間廢線時登場。

NT300形 行駛七尾到穴水區間。觀光列車「能登里山里海號」也用此形行駛。

萬葉線 　高岡站↔越之潟

行駛於高岡市內的第三型態路面電車，原為加越能鐵道。

7070形

1967年製造的車輛。

1000形 擁有「AI-TRAM」暱稱的最新型車輛。是能夠輕鬆上下車的低底盤車。

7000形

1961年登場。

7060形

1965年製造的車輛。

除雪車

車輛是5010形。

黑部峽谷鐵道 　宇奈月↔欅平

宇奈月出發，沿著黑部川的峽谷到達欅平。

EDR形 照片中的車輛，是牽引黑部峽谷鐵道小火車的代表性機車頭。車身尺寸很小。

ED凸形

向前凸出的可愛電力機車頭。

EDM形

1990年登場，之後部分車輛改造為EDR形。

EHR形

黑部峽谷鐵道的機車頭，馬力最大的一形。

BB形

DD形

富山地方鐵道 電鐵富山⟷立山・宇奈月溫泉等

行駛富山與阿爾卑斯路線入口立山等站的私鐵。

14760形 1979年富山地鐵全新打造的冷氣車輛。現在仍有7個編組14輛在運用中。

10030形

原為京阪的電視車（附電視的車輛）3000系。
中間連結一輛雙層車輛的「雙層車廂特快車」。

14720形 主要使用在普通車的車輛。

10030形 原為京阪的3000系，有連結雙層車輛的車種。

10020形 1964年登場的車輛，座位是雙人座。

16010形

過去是西武鐵道特急「紅箭號」的5000系車輛。照片是3輛編組的觀光列車「阿爾卑斯特快車」。

deki12020形

1958年，在興建黑部川第4水壩時打造的電力機車頭。

17400形

原為東急電鐵8000形8090番台車輛，共有2個編組4輛。富山地鐵中唯一的不鏽鋼車輛。

deki14730型

1947年打造的電力機車頭，過去主要用來除雪。

9000形

行駛富山市內的路面電車車輛，2009年12月登場的低底盤2輛編組車。有「CENTRAM」的暱稱。

T100形

3輛編組的超低底盤車。暱稱是「SANTRAM」。

7000形 行駛富山市內的路面電車裡數量最多的車輛。

富山輕軌

富山站北⊷岩瀨濱

2006年4月開始營運的路面電車。

8000形 1993年登場的VVVF變頻控制的路面電車。

PORTRAM 上下車都很輕鬆的超低底盤車輛。

伊豆急行　伊東⇿伊豆急下田

靜岡縣東部的私鐵。沿著海岸行駛伊豆半島東側的伊東到下田。

α・RESORT21　用在週末行駛東京～伊豆急下田間的「RESORT踊子號」的2100系。

黑船電車　使用與「RESORT21」同樣車輛的觀光列車。命名來自於江戶時代在來到下田的「黑船」。

IZU CRAILE（JR東日本）

2016年7月起，開始營運JR東海道本線的小田原～伊豆急下田區間的JR東日本觀光列車（651系）。沿著相模灣行駛。

RESORT21 EX　「RESORT21」的改良型車輛，現在已改為上面的「黑船電車」了。

8000系

從東急接收來的車輛。只有靠海一邊的座位是雙人座。

100系

伊豆急行開始營運的1961年12月登場的車輛,現在只留存kumoha103作為活動用車輛。

200系

原為JR東日本的113系、115系改造而成的車輛。

岳南電車　吉原⊦⊦⊦⊦岳南江尾

行駛於靜岡縣製紙工廠聚集地帶,全長9.2公里的短路線私鐵。

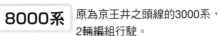 8000系　原為京王井之頭線的3000系,2輛編組行駛。

7000系

原本也是京王井之頭線的3000系,但這款只有1輛車廂。

ED40形　曾載運沿線製紙工廠的貨物。

ED50形　過去這款機車頭也使用在貨物列車上。

5000系　原為東急的5000系,右為ED29型。

大井川鐵道 大井川本線　金谷 ⊩⊩⊩ 千頭

靜岡縣的私鐵。由JR東海道本線的金谷，
向大井川上游方向行駛。

詹姆士號　繼湯瑪士號之後，
於2015年開始營運的蒸氣機車頭。

湯瑪士號　2014年，以英國的電視節目為題材開始營運的蒸氣機
車頭。客車也改為黃色以和節目完全相同。

C11形　1940年製造的蒸氣機車頭，
行駛金谷到千頭之間的本線。

Hiro 號

展示在千頭站內，也會在固定日期開放駕駛台參
觀。照片最前面是Hiro號。

拉斯提號

在千頭站內牽引沒
有車頂貨車行駛的
「遊覽貨車」。

7200系　原為東急的7200系。照片中車輛是接收
自廢線的十和田觀光電鐵。

納涼生啤酒列車　大井川鐵道夏季的風情列車。
由電力機車頭牽引座墊客車和展望車行駛。

21000系

接收自南海高野線的車輛，南海時代稱為「變焦車」。

16000系
曾是近鐵南大阪線特急的車輛。

C56形
二次大戰時曾在泰國使用的蒸氣機車頭。

C10形
也是蒸氣機車頭。
大井川鐵道共有5輛蒸氣機車頭。

3000系
過去是京阪特急的3000系，塗色也沒有改變。

E31形
接收自西武的機車頭。現已退役，保存在千頭站內。

SE車
小田急的浪漫特快SE車，也曾在大井川鐵道上服務過。

赤石號
曾是北陸鐵道的車輛。

大井川鐵道 井川線

千頭┈┈井川

千頭行駛到大井川上游的井川。
由機車頭牽引小火車行駛。

ED90形
為了攀登配有齒軌的日本最陡坡使用的專用電力機車頭。

遠州鐵道　新濱松┄┄西鹿島

從濱松出發，駛過市區內的高架路段，連接天龍濱名湖鐵道的私鐵。

1000形　遠州鐵道的代表性車輛，共有7個編組。

2000形
遠州鐵道的最新型車輛，
有6個編組。

30形
遠州鐵道過去的代表性
車輛，現在仍有2個編組
在行駛。

ED28形
現在主要用於線
路維修的電力機
車頭。

靜岡鐵道　新靜岡┄┄新清水　東西向行駛於靜岡市內的私鐵。全線都是複線。

kumoha100形
過去靜岡鐵道的代
表性車輛。

moha18形
照片是專門用來在
車庫內調度車輛時
代拍攝。

A3000形
2016年3月登場的靜
岡鐵道最新型車輛。

1000形
靜岡鐵道的列車以
往都是這款1000
形，但在A3000形
登場後已經開始減
少。

dewa1形
電動貨車。過去用在
貨物列車上，也會用
來維修線路。

天龍濱名湖鐵道 掛川━新所原

環濱名湖北側行駛的路線。
過去是國鐵的二俣線。

位於濱名湖畔的濱名湖佐久米站,每年12月到3月之間會有大量的海鷗飛來,名聞全日本。

TH9200形 座位是轉換式雙人座,配備有附液晶螢幕的DVD卡啦OK,是節慶活動規格的車輛。

路線中的櫻木站站舍,是日本的國家級登錄有形文化財。照片是候車室。

TH2100形

天龍濱名湖鐵道的代表性車輛,共擁有14輛。

TH3000形 被稱為「輕快型」的柴油車。

小火車「微風號」

過去曾行駛遠州森到三日之間為主的觀光列車。

TH1形

1987年與天龍濱名湖鐵道通車同時啟用的車輛。

TH2形

過去曾作為牽引小火車專用的柴油車。

東海道本線

熱海…米原

東海道本線全線是由東京到神戶，其中JR東海的區間，
是由靜岡縣的熱海到滋賀縣的米原。

白鷺號 名古屋出發經米原到金澤的特急。
照片是JR西日本的681系。

311系 JR東海為了快速車用打造的3門車輛。
座位是轉換式雙人座。

211系

行駛JR東海的東海道本線全
區間，包括熱海到濱松的靜
岡地區。

kiya97系

載運鐵軌的事業
用車輛（不載運
乘客和貨物的車
輛）。

313系 JR東海的通勤列車。主要以2輛與
4輛編組行駛東海道本線。

EF210形 JR貨物的代表性電力機車
頭。

DD51形 JR貨物公司的柴油機車
頭。主要行駛以名古屋貨
物總站～稻澤區間。

117系 曾行駛濱松到米原的區間
（左方車輛）。

● JR東海

御殿場線　國府津…沼津

由神奈川縣的國府津，經過箱根山北側到達靜岡縣的沼津。

朝霧號（小田急線）

進入小田急線，行駛新宿～御殿場之間的特急，車輛是小田急浪漫特快的MSE60000形。

211系

部分列車由靜岡方面直接駛入御殿場線。

313系

行駛御殿場線列車中最新的車輛。以2輛編組行駛。

朝霧號

到2012年3月為止，由小田急的新宿站直駛沼津的JR東海371系。

115系

因為313系車輛的增加而退役。

● JR東海

身延線　富士…甲府

沿著富士川，在富士山的西側南北向行駛的路線。

313系

主要以2輛編組行駛。也有不配置車掌的單人駕駛列車。

富士川號

由靜岡經富士駛往甲府，身延線的代表性特急。車輛為373系。

kumohayuni144形

過去除了客車之外，還有附帶行李室與郵件室的車輛行駛。

115系

國鐵時代製造的車輛，在313系登場之後退役。

123系

業務用kumoya145改造而成的3門車輛，和115系同時退役。

kuha68形

二戰前誕生的舊型國電，1981年退役。

中央本線　名古屋…鹽尻

中央本線裡過去稱為
「中央西線」的區間，
就是JR東海的路線。

(Wide View)信濃號

中央本線的代表性特急，
行駛名古屋到長野區間，
車輛是383系。右側植物
是葡萄園。

313系 除了行駛名古屋～中津川之外，
也由中津川經鹽尻駛往松本。

211系 中央本線中數量最多的車輛。
主要行駛名古屋～中津川區間。

213系 由於車庫位於中央本線的
神領，因此在關西本線之
外，也行駛了中央本線。

Central Liner

過去行駛名古屋～中津
川區間的快速列車。乘
車需要整理券，所以一
定有座位可坐。

信濃kiha181系

中央本線電氣化以前，
「信濃號」是柴油車。

● JR東海

飯田線　豐橋…辰野

由豐橋經飯田等地，行駛到辰野的
地方支線。

(Wide View)伊那路號　行駛豐橋到飯田區間的飯田線
特急。照片中的373系以3輛編
組行駛。

313系　除了可以不配置車掌的2輛編組之外，
還有3輛編組的列車行駛。

213系　2門的車輛，轉移到飯田線時還設有廁
所。2輛編組。

119系　過去行駛飯田線的車輛，在213系等登場
後退役。

紀勢本線　龜山…新宮

紀勢本線是由三重縣的龜山，繞行紀伊半島到達和歌山縣和歌山市的路線。龜山～新宮區間是JR東海的路線。

（Wide View）南紀

名古屋經新宮駛往紀伊勝浦，是紀勢本線的代表性特急。車輛是kiha85系。

kiha11形

過去行駛過紀勢本線，2016年3月全面退役。

kiha48形

本款也曾是紀勢本線上的代表性車輛，2016年3月退役。

參宮線　多氣…鳥羽

由紀勢本線的多氣經過伊勢市等地到達鳥羽的路線。行駛三重縣的東部。

快速三重號

名古屋駛往伊勢市、鳥羽的快速列車。部分車輛是指定座車廂，使用kiha75形。

kiha25系

接續之前的kiha40、48形之後，以2輛編組開始營運。照片是右方的kiha25系和左側近鐵「島風號」的合影。

kiha11形

2016年3月為止是參宮線上的代表性車輛。

● JR東海

關西本線 | 名古屋…龜山

關西本線是名古屋到大阪的JR難波站之間的路線。
其中的名古屋～龜山之間是JR東海的區間。

快速三重號

名古屋駛往參宮線鳥羽的kiha75形快速列車。
經過伊勢鐵道駛入紀勢本線。

313系 照片中的2輛編組，是以白天為主運行無車掌的單人駕駛列車。

211系 早晚的尖峰時間，也有中央本線上常見的211系行駛。

213系 曾行駛過名古屋～龜山區間，現已轉移至飯田線。

● JR東海

名松線 | 松阪…伊勢奧津

由伊勢本線的松阪，行駛三重縣內到伊勢奧津之間的路線。2009年10月之後，家城～伊勢奧津之間因為颱風受損而停駛，但在2016年3月時全線復駛。

kiha11形

不鏽鋼車身的kiha11形300番台以1輛形式行駛。

高山本線

岐阜…高山…猪谷…富山

行經美濃太田、下呂、高山等地，南北縱貫岐阜縣的路線。
猪谷～富山之間是JR西日本的區間。

(Wide View)飛驒號 高山本線的代表性特急，行駛名古屋
到高山等地。車輛是kiha85形。

kiha25形 JR東海的支線用柴油車的代表性車輛。
以2輛編組行駛。

kiha120形 行駛猪谷～富山的JR西日本車輛，
以1～3輛編組行駛。

kiha75形 高山本線用的kiha75形，主要都是寒冷地帶規
格，以無車掌的單人駕駛車輛為主。

kiha11形

由於kiha75形、
kiha25形在高山本線
登場而退役的車輛。

kiha48形

2015年6月
底，在高山本
線退役。

DE15形

除雪專用的
柴油機車頭。

DD51形

高山本線還有
貨物列車行駛
時代的牽引機
車頭。

●JR東海

武豐線 大府…武豐

由東海道本線的大府到武豐之間的路線，行駛愛知縣的知多半島。

311系 主要行駛東海道本線，尖峰時間也會出現在武豐線上。

kiha75形

313系 武豐線的主力車輛，白天是無車掌的單人駕駛。2輛或4輛編組。

KE65形 在半田分支出去的衣浦臨海鐵道（貨運鐵路）的機車頭，行駛到大府。

武豐線電化之前的主力車輛。

東海交通事業 城北線 枇杷島╫╫勝川

從JR東海道本線的枇杷島繞經名古屋西部，駛往中央本線勝川的路線。

kiha11形

車輛是kiha11形，但換為從JR東海接收的kiha11形300番台。

青波線 名古屋╫╫金城埠頭

2004年開業，由名古屋駛往名古屋港金城埠頭的第三型態鐵道。2011年時金城埠頭附近的磁浮鐵道館開館。

1000形

共擁有8編組32輛。

●JR東海

太多線 多治見…美濃太田

由中央本線的多治見到高山本線的美濃太田之間的路線，途中有一特殊名稱「姬」的車站。

kiha25形

擁有轉換式座位的0番台，和長椅式座位的1000番台二種。

kiha75形

2015年在太多線與高山本線上開始運行。

kiha11形 過去的主力車輛，於2015年3月退役。

名古屋市地下鐵 東山線等 高畑┅┅藤之丘等

以名古屋市區為中心形成路網的地下鐵。

N1000形（東山線）

2008年開始營運的東山線車輛。是名古屋地下鐵中首次採用LED式行先表示器的車輛。

5050形（東山線）

1992年登場的東山線主力車輛。

2000形（名港線）

名港線行駛於金山～名古屋港之間，但也駛入名城線。二者同樣是2000形的車輛。

2000形（名城線）

名城線是繞名古屋市區一圈的環狀路線。

6050形（櫻通線）

櫻通線的最新型車輛，5輛編組行駛。

6000形（櫻通線）

行駛中村區役所與野並區間，採用自動駕駛方式。

N3000形（鶴舞線）

鶴舞線的最新型車輛，最早的編組是鋁製，第2編組之後都使用不鏽鋼製。

3050形（鶴舞線）

赤池與上小田井之間的地下鐵。在赤池與名鐵豐田線；上小田井則與名鐵犬山線相互駛入。

名鐵 300形（上飯田線）

上飯田站有名鐵小牧線的
名鐵車輛駛入。

5000形

名古屋市地下鐵最早
通車的東山線用車
輛，2015年退役。

7000形（上飯田線）

名城線的平安通站與名鐵小牧線上飯田站之間的路線。
直接駛入名鐵的犬山線

豐橋鐵道　新豐橋 ┅┅ 三河田原等

擁有往渥美半島的渥美線，與行駛豐橋市區的市內線。

T1000形
2008年於市內線登場的3連接車，
有「Hottram」的曜稱。

1800系
渥美線的車輛，原為東急的7200系。

mo780形

曾行駛名鐵岐阜市內線的車輛。

mo800形

原行駛於名鐵美濃町線。

mo3100形

原為名古屋市電的1400形。

mo3200形

曾行駛名鐵岐阜市內線的車輛。

mo3500形

原為都電荒川線的7000形。

mo3700形

源自於名古屋市電1200形。

名鐵 名古屋本線等 豐橋⟷名鐵崎阜等

接有以名古屋地區為中心多條路線的私鐵。

2000系

行駛名鐵岐阜、新鵜沼和中部國際機場之間「μ-Sky」的車輛，全車指定座。

1000系

擁有「超級景觀」的暱稱，主要作為特急列車運用。

2200系

使用為豐橋、名鐵岐阜往返中部國際機場的特急車輛。

1030系

1000系的增備車。6輛編組，主要行駛本線的特急列車。

1700系

由3輛編組行駛的1600系改造而成特別車（指定座）。

1850系

局部改良1800系的車輛。與1800系相同，行駛特急班次。

1800系

除了作為本線的特急行駛外，也行駛普通列車。

3150系

2004年登場的車輛。

5000系

2008年3月登場，是行駛本線用的不鏽鋼製3門通勤車輛。沿用1000系的機器。

3300系

2004年登場的名鐵本線系車輛（經過名鐵名古屋站的電車稱謂），名鐵第一款不鏽鋼製車輛。

7000系

1961年之後便一直是名鐵的代表性車輛，擁有「景觀列車」的暱稱。

7500系

與7000系同為行駛「景觀列車」的車輛。2005年退役。

8800系

以「景觀DX」暱稱聞名的特急用車輛。

1600系

照片是3輛編組行駛的1600系，用作全車指定座的特急行駛。

北阿爾卑斯號

曾駛入JR高山本線的kiha8500系。不再行駛JR區間後轉讓給會津鐵道。

3500系 名鐵最早配備VVVF變頻控制系統的車輛。

3100系 全部是長椅座位的3門式通勤車。

5300系 車體結構和5700系相同，但轉向架等部分零件則取自其他車輛。

5700系

2門的通勤列車，4輛編組行駛。

6000系

名鐵裡已許久不見的全新3門通勤車輛。導入數量多，是名鐵的代表性車輛。

6800系 將6000系架構經過多重改良的通勤列車。

300系

與名古屋市地下鐵上飯田線相互直通營運的車輛。

100系

照片右方的是100系，是與名古屋市地下鐵鶴舞線相互直通行駛的豐田線車輛，照片左方的是地下鐵舞鶴線的3050形。

6500系 改良自6000系的車輛。以4輛編組營運。

3700系 從犬山線駛入名古屋市地下鐵鶴舞線的車輛。

7700系

用來作為「景觀列車」的增連車廂。

mo510形

在岐阜等地約行駛了80年的路面電車。

名鐵 瀬戸線　榮町↤↦尾張瀬戸

由名古屋市中心的榮町經過JR中央本線的大曾根等地到達尾張瀬戸的路線。

4000系

2008年，瀬戸線上登場的第一輛不鏽鋼車輛。

6000系

1995年之後的瀬戸線主力車輛，2014年退役。

6750系

運用新舊車輛的機器，再重新打造車身的瀬戸線用車輛。

Linimo 藤之丘┼┼┼┼八草

2005年啟用的磁浮列車。
在「愛・地球博」裡負責觀眾的運輸。

100系

讓車身稍微浮在軌道上方行駛，安靜的全新交通工具。

名古屋導軌道巴士

Yutorito Line 大曾根┼┼┼┼小幡綠地

像是捷運系統般行駛在左右圈住的引導軌條上，不需要操作方向盤的巴士。

導軌道巴士

在引導軌條以外的區間，司機就需要操作方向盤。

愛知環狀鐵道 岡崎┼┼┼┼高藏寺

愛知縣東部，由JR東海道本線的岡崎到中央本線的高藏寺之間的路線。

2000系

為了輸運「愛・地球博」的參觀人潮而大量增加的新型車。

明知鐵道 惠那┼┼┼┼明智

接收國鐵明知線，於1985年開始營運的第三型態鐵道。

Akechi6形

和開始營運時登場的Akechi1形外觀類似的車輛，只有1輛。

Akechi10形

1998年登場，共有5輛。是明知鐵道的代表性車輛。

三岐鐵道　近鐵富田⸺西藤原、西桑名⸺阿下喜

以富田、西桑名為起點，行駛三重縣內的私鐵。
共有近鐵富田和西藤原間的三岐線，以及西桑名和阿下喜
間的北勢線。

801系

原為西武的701
系。以3輛編組
行駛三岐線。

751系

2009年接收的西武101系車輛，以3輛編組行駛。

ku140形

北勢線用的車輛。
鐵軌是小火車等輕
便鐵道使用的「窄
軌」，車身小巧可
愛。

101系

原為西武的401系。
三岐線的電車幾乎都是從西武接收過來的。

deki200形

東武鐵道接收來
的電力機車頭。

ED45形

電力機車頭。沿線有石灰岩山，
三岐鐵道的貨運也相當興盛。

ED301形

主要運用在東藤原的水泥
廠內的調度作業。

601系

原為西武的451系車輛。

伊賀鐵道　伊賀神戶↔伊賀上野

行駛以忍者故鄉聞名的伊賀的地方支線。

200系　有綠色（上）和藍色（右）等2種忍者列車在營運。車身原為東急的1000系，上面綠色是前方非貫通型，而右方的藍色是貫通型。

200系裡除了忍者列車之外，還有左邊的各種彩繪列車，前方全部是和東急1000系相同的形式。伊賀鐵道的車輛，這5編組10輛就全員到齊了。

860系　2007年由近鐵接收路線之前就開始運行的車輛。塗裝上除了舊近鐵的復古塗裝之外，還有照片中這些設計的塗裝。

養老鐵道　桑名↔揖斐

三重縣行駛到岐阜縣的地方支線，2007年時由近鐵接手經營。

620系　原是近鐵南大阪線的車輛，3輛編組行駛。

610系　曾在近鐵名古屋線和南大阪線上活躍過的車輛。

600系

養老鐵道裡數量最多的車輛，2輛或3輛編組。

四日市Asunarou鐵道　Asunarou四日市┄┄西日野・內部

線路的寬度是比窄軌還窄的「762mm」。2015年4月，
由近鐵接收經營權開始營運。

新260系

2015年登場。照片
中的編組，中間的
sa180是新打造，而
前頭車則是車身改
造而成。

moni211形和ku161形

從前就是這些車輛在
營運。

260系

接收自近鐵的主力車
輛，照片中的ku110
形和ku160形，是設
有駕駛座的操控車。

moni220形

內部、八王子
線開始營運時
上線的車輛。

伊勢鐵道　河原田┄┄津

行駛國鐵時代伊勢線的第三型態鐵
道，是四日市到津市的快速路線。

伊勢Ⅲ型

伊勢鐵道的主力車輛，
2003年開始營運。

長良川鐵道 美濃太田┉┉北濃

1986年接收國鐵越美南線開始營運的岐阜縣第三型態鐵道。
由JR高山本線的美濃太田,沿著長良川經郡上八幡等地到北濃。

Nagara300形

1998年登場,擁有
輛數多,共有7輛。

Nagara200形 1994年登場的車輛,只有1輛。

Nagara500形

照片是恢復開業當時顏色的503。

Nagara500形 2007年登場的最新型
車輛,這輛是501。

Nagara1形

長良川鐵道開始營運時的車輛,
2014年12月退役。

樽見鐵道 大垣┉┉樽見

1984年接收國鐵樽見線營運的岐阜縣
第三型態鐵道。

haimo330-700形

配備樽見鐵道最新機器的最新型
車輛,現在擁有2輛。

haimo230形

除了有1987年登場的
haimo230-300形之
外,另有haimo230-
310形。
但現在只剩下haimo
230-313形。

haimo295-310形 1999年登場,由畫家池田滿壽夫設
計的車輛。

第4章

關西

以眾多路線匯集的大阪和京都、神戶為中心，依路線別介紹行駛於關西地區的JR與私鐵列車。

●JR西日本

山陽新幹線　新大阪…博多

新大阪到福岡市博多的路線。
東海道新幹線、山陽新幹線都是直通運行。

新幹線 N700系 瑞穗號

可以時速300公里的最快速度行駛的列車，3小時50分便可以由新大阪經過博多駛到九州新幹線的鹿兒島中央站，8輛編組。

新幹線700系Rail Star

行駛山陽新幹線的8輛編組700系。登場時是行駛「HIKARI號」的，但現在主要行駛「KODAMA號」。

新幹線 100系

1985年登場的車輛，在2012年退役。

新幹線 500 系

原本行駛16輛編組的「希望號」，但在N700系登場之後，現在主要行駛8輛編組的山陽新幹線「KODAMA號」。

新幹線 0系

2008年之前活躍在山陽新幹線上的車輛。

● JR西日本

東海道本線　米原…神戶

東京～神戶的東海道本線中,米原以西的路線屬於JR西日本的路線。

221系　剛登場時是作為新快速的車輛,現在則行駛快速列車,是3門可轉換雙人座椅的車輛。照片攝於新大阪站附近。

Haruka

由米原、京都等地,經新大阪、天王寺駛往關西機場的機場特快車。車輛是281系。

Thunderbird

由大阪經由湖西線、北陸本線駛往金澤、和倉溫泉的特急。照片是經過翻修工程,前頭加上藍色色帶的683系9輛編組。

EF510形　由關西一帶行駛日本海沿岸到青森信號場的JR貨物的電力機車頭。

Thunderbird

由於683系數量的增加,照片中的681系「Thunderbird」已經減少許多。

583系
過去曾是行駛大阪往九州地區寢台特急的車輛。

EF200形　從東京地區出發,經過東海道本線、山陽本線,行駛到下關之前的幡生。

kiha82系
大阪駛往日本海方向「松風號」(照片右側)時的車輛。

EF210形　和EF200都是JR貨物公司的代表性直流電用電力機車頭。

●JR西日本

JR京都線、神戸線 京都…姬路

東海道本線和山陽本線的區間中，大阪以東的暱稱是JR京都線，以西則是JR神戶線。也駛入琵琶湖線（長濱～米原～京都）和湖西線（山科～近江鹽津）區間內。

新快速 JR京都線、神戶線的代表性列車，行駛速度可比擬特急列車。車輛是223系。

321系 行駛京都～大阪～西明石區間為主，各站停車的普通列車用車輛。

快速 比新快速停靠的車站多，除了照片的221系之外，還使用了223系。

225系 2010年起駛用在新快速、快速列車，是3門的轉換式雙人座椅車輛。

新快速

「新快速」誕生時就是使用這輛153系。

205系 由於321系的登場，後轉到阪和線行駛。

207系 除了行駛與321系相同的區間外，也在尼崎駛入JR東西線。

201系 321系登場之後退役。

152

● JR西日本

大阪環狀線

大阪⋯鶴橋⋯天王寺⋯西九條⋯大阪

像東京的山手線般,繞行大阪中心區域行駛的路線。

323系

2016年登場的大阪環狀線最新型車輛。之前的201系是4門車,但323系是3門車。

225系

大阪環狀線直通阪和線行駛到關西機場的「關空快速」,以及行駛到和歌山「紀州路快速」用的車輛。

223系

也作為「關空快速」以及「紀州路快速」使用。

103系

過去的大阪環狀線主角,橙色的8輛編組仍然健在。

201系

2005年開始行駛,照片是大阪環球影城的彩繪列車。

● JR西日本

大和路線　JR難波…加茂

關西本線JR難波〜加茂區間的暱稱。關西本線的龜山以西屬於JR西日本。

大和路快速

由大阪環狀線直通運行到奈良、加茂。照片是221系，以6輛編組或8輛編組行駛。

201系

淺綠色的201系行駛這個區間，另有103系行駛。

kiha120形

加茂出發，經伊賀上野、柘植後行駛到龜山。

113系

大和路快速剛開始運行時由這款車輛負責行駛。

D51形

關西本線過去也有蒸氣機車頭行駛。

快速

JR難波〜高田區間，由221系以4輛編組行駛。照片是經過翻修後前燈形狀改變後的車輛。

● JR西日本

奈良線　木津…京都

由連接大和路線的木津經城陽、宇治到達京都的路線，但電車直接行駛到奈良。

京城路快速

京都〜奈良之間只停靠主要車站。照片是221系。

103系

和大和路線同是淺綠色的103系，使用在各站停車的普通車。

● JR西日本

大阪東線　放出…久寶寺

2008年開始營運的路線，行駛學研都市線的放出站和大和路線的久寶寺站之間。另有計劃延伸到新大阪。

201系

和大和路線相同，都使用201系行駛；6輛編組。

● JR西日本

加古川線　加古川…谷川

由山陽本線的加古川，經粟生、西脇市等站後到達福知山線谷川之間的路線。

125系

在加古川線2004年電氣化後開始行駛，可以單節運行。

103系

也有2輛編組的103系運行，也有設計成如上面照片般五彩繽紛的車輛。

● JR西日本

和歌山線　王寺…和歌山

由大和路線的王寺，經高田、橋本等站後，行駛到與阪和線、紀勢本線匯合的和歌山站之間的路線。

221系

主要使用在行駛大和路線的JR難波～高田區間的快速列車。白天以4輛編組為主。

105系

和歌山線上的主力車輛。

117系

主要使用在乘客較多的尖峰時間。

● JR西日本

播但線　姬路…和田山

姬路到和田山之間的路線，途中的寺前站之前已經電化。

kiha41形

行駛寺前到和田山之間尚未電氣化的區間。

● JR西日本

和田岬線　兵庫…和田岬

由JR神戶線的兵庫站，穿過工廠密集地帶到和田岬。由於都是沿線工廠工作的人在搭乘，因此白天沒有班次。

103系

以2輛編組行駛姬路～寺前的電化區間。

濱風號

由於kiha189系的出現，導致kiha181系「濱風號」退役。

濱風號

大阪到濱坂、鳥取之間的特急列車。車輛是kiha189系。

DE10形

也有過柴油機車頭牽引客車行駛的時代。

103系

6輛編組行駛。只配備了1個編組行駛這個路線。

山陰本線（嵯峨野線）

京都…園部…福知山…鳥取

由京都沿著日本海到達下關之前的幡生，是日本最長的在來線。本節介紹京都～鳥取區間，到中途的園部之間又稱為嵯峨野線。

223系 連結221系的6輛編組行駛京都到園部區間，但園部到福知山之間只以2節行駛。

濱風號 大阪到濱坂、鳥取之間的特急列車，照片是經過改建過的餘部橋樑時拍攝。車輛是kiha189系，也會運用在臨時列車「螃蟹濱風號」上。

城崎號 京都行駛到城崎溫泉的特急。京都出發的特急列車還有「橋立號」「舞鶴號」行駛山陰本線。車輛是287系。

115系 主要使用在山陰本線的福知山～城崎溫泉區間的普通車。

橋立號（丹鐵） 由京都行駛到日本海側的天橋立方面，照片是京都丹後鐵道的車輛KTR8000形。

221系 嵯峨野線的主力車輛，主要以4輛編組行駛京都到園部區間。

嵯峨野觀光小火車

小火車嵯峨站┼┼┼┼小火車龜岡站

行駛山陰本線舊路線的觀光列車，可以欣賞到保津峽的美麗風光。

113系 過去主要行駛嵯峨野線。

●JR西日本

福知山線(JR寶塚線)

尼崎…篠山口…福知山

由東海道本線的尼崎,經三田、篠山口到福知山的路線,由大阪直通運行。到中途的篠山口之間稱為JR寶塚線。

白鸛號 由新大阪駛往福知山、城崎溫泉等地的特急,照片是287系。

丹波路快速 行駛JR寶塚線大阪～篠山口的快速列車,照片是223系,以4輛編組行駛。

321系 由西明石、新三田等站經由JR東西線駛往木津、奈良。

白鸛號 由新大阪駛往福知山、城崎溫泉等地,照片的車輛是改裝自683系而成的289系。

207系 和321系配合營運,321系是7節的固定編組,但207系則基本上是3+4節的編組。

北近畿號 過去曾行駛新大阪經由福知山線到城崎溫泉等地。

丹後EXPLORER 曾行駛新大阪到天橋立方面。照片是KTR001形。

●JR西日本

學研都市線

京橋…木津

與JR東西線直通運行。在木津可以轉乘大和路線。

321系 由木津、奈良經由JR東西線駛往西明石、新三田等站。

207系 和321系同為由學研都市線進入JR東西線,直接駛往新三田、西明石方向。

阪和線、伊勢本線 天王寺…和歌山…新宮

由大阪行駛紀伊半島到新宮的路線。

223系 運用在由大阪環狀線到和歌山區間的「紀州路快速」，以及和歌山～紀伊田邊區間的紀勢本線上。

黑潮號 過去的283系「黑潮號」以「海洋飛箭號」名稱，行駛新大阪～新宮區間。

黑潮號 照片中的289系，是改造運用在「白鷺號」上的683系，並於2015年登場。行駛大阪～白濱區間。

關空快速、紀州路快速

由大阪環狀線行駛到關西機場、和歌山。照片中是225系5100番台的車輛，另有223系行駛。

黑潮號 照片中的287系行駛新大阪～新宮區間。2012年登場用來取代381系的車輛。

HARUKA

由京都等地經新大阪，天王寺，駛往關西機場的特急，照片是281系。

205系 有4節和6輛編組2種，和103系一起作為普通列車使用。

103系 主要行駛阪和線的普通列車，有4輛編組和6輛編組2種。

105系 主要行駛紀伊田邊到新宮區間的列車。

117系 行駛紀勢本線的和歌山～紀伊田邊區間。

紀伊國海岸號 曾是和天王寺～白濱區間的觀光列車，照片中的前頭車是DE10形。

黑潮號 kiha系 「黑潮號」誕生時使用的車輛。

信樂高原鐵道 貴生川↔信樂

行駛滋賀縣內的第三型態鐵道，行駛可以轉乘JR草津線和
近江鐵道的貴生川站以及以信樂燒聞名的信樂站區間。

SKR-400形

2015年登場的信樂高原鐵道最新型車輛，SKR-300形已轉至紀州鐵道。

SKR-200形

信樂高原鐵道通車的1987年登場，這個形式的車輛只剩下照片中的「205」。

SKR-310形

接續SKR-200形的車輛，於2001年登場。

● JR西日本

草津線 柘植…草津

由可以轉乘關西本線的柘植，
經由貴生川等站到東海道本線草津的路線。

117系

和湖西線共用的車輛。塗色已改為深綠色的地區色。

113系

草津線的主力車輛，4輛編組運行。部分列車直通運行到京都。

221系

和嵯峨野線共用的車輛，4輛編組。照片是已翻修車輛。

北條鐵道 粟生↔北条町

由JR加古川線與神戶電鐵粟生線交會的粟生站到北条町之間的路線。

furawa 2000形

2000年登場，用來取代開業時登場的furawa 1985形的車輛。

225系

早上由草津行經東海道本線直通運行到大阪。

近鐵（特急列車）

近鐵是路網由關西圈到名古屋圈，而且涵蓋
伊勢、志摩地區的私鐵。有許多特急列車行
駛這些區域的各個都市和觀光地區。

島風號　近鐵的觀光特急。由大阪難波、京都、新鐵名古屋等站行駛到
志摩半島的賢島。車輛是50000系。

Urban Liner next 　大阪難波到名古屋之間的特急列車，車輛是21020系。特色是裝有「搖籃型座位」，
也有瞭望車和豪華車廂。

伊勢志摩Liner 　特急列車。由大阪的大阪難波、大阪上本町與近鐵名古屋、京都出發，
經松阪、鳥羽，行駛到志摩半島上的賢島。車輛是23000系。

22000系

有「ACE」之稱的近鐵特急用車輛，在進行車輛翻修時也更改了車身塗色。包含Vista EX在內的近鐵特急，這種頻色是標準的車身塗色。

Vista EX 連結著雙層車廂，「Vista」是西班牙文「眺望」的意思。列車名稱來自於可以欣賞美景的二樓座位，車輛是30000系。

ACE 行駛於多個區間的特急列車車輛。照片是22000系。

22600系

ACE22000系的改良型，2009年登場。這款車亦有「Ace」的暱稱。

Vista Car 以前的近鐵特急代表性車輛。

163

12400系

12200系的改良型,是增加配備的車輛。

12200系

近鐵的特急用車輛,連同系列車輛數量也最多。有2、4、6輛編組方式行駛。

12600系

近鐵特急的代表性形式之一,但數量不多,只有2個編組8輛。

12410系

12400系的改良型。12400系有3編組12輛,此系則有5編組20輛。照片是新塗裝的車輛。

16010系

南大阪線的特急用車輛,只有1編組2輛。

16000系

由天王寺站附近的大阪阿倍野橋站發抵的南大阪線用特急車輛。

16400系

16010系的改良型車輛,外型和ACE很像。

16600系

有「Ace」暱稱的南大阪線用特急車輛,特色是仿22600系的形式。

20000系

作為修學旅行等團體列車使用的雙層車廂車輛，有「楽（輕鬆）」的暱稱。

15200系

改造自12200系的車輛，用來替代「青空Ⅱ號」的18200系。

Kagirohi

近畿日本旅行社主辦團體旅行的專用列車，車輛是15400系。

Tsudoi

伊勢市～賢島區間的觀光列車。第1車裡有「風的遊樂場」，而第3車裡則有「兒童的駕駛台」。車輛是2013系。

櫻花 Liner

大阪阿部野橋駛往吉野的特急列車。是南大阪線上最新的特急用車輛。

18200系

過去是京都發抵的特急車輛，之後也曾作為團體列車使用。

18400系

和18200系有著相同的經歷，也作為團體列車使用過。

檢測君

電力檢測車。mowa24和kuwa25的2輛編組，在行駛中檢測架線和安全設備。

青空號

第一代團體用的全雙層車廂列車。

近鐵 大阪線、名古屋線 大阪上本町、近鐵名古屋↔伊勢中川

軌距寬於JR在來線的標準軌路線，特急列車由
大阪直接行駛到名古屋。

5200系 名古屋線的車輛，行駛急行列車。行駛區間是
名古屋到宇治山田。

5209系 5200系的改良型，行駛名古屋線。

5211系 5209系的改良型，也行
駛在名古屋線系統裡。

1620系

1994年登場，和2輛編
組的1437系為同系列，
但1620系是4節或6輛編
組行駛。

5820系

5800系的改良
型。座位可改成
長椅型，也可以
改成雙人座的車
輛。

5800系 大阪線用的車輛。行駛區間是大阪
上本町到宇治山田。

1200～1259系 通勤用車輛系列之一，行駛範圍遠至志摩半島一帶。

1201系
將1200系改造成無車掌列車的車輛。

1200系
改造為1201系之後數量已經減少。

1220系 1987年登場的VVVF車輛。

1230系 1989年登場的無車掌車輛。

1233系 1989年登場的車輛。

1253系
1993年登場的車輛。

1240系
1990年製造，也是無車掌的車輛。

1254系 繼1253系之後在1993年登場，只有1編組2輛在營運。

1259系 2007年改造為無車掌車後再度登場。

1400～1440系 主要行駛大阪線系統的通勤車輛系列。

1400系

1981年登場的節能車輛。

1420系

1989年登場，配備VVVF變頻控制的車輛。

1422系 VVVF車，是1250系的改號車（只變更車號的車輛）。

1430系 1990年登場。

1435系 1992年登場。

1436系 1993年登場，只有1個編組。

1437系 1993年登場。

1440系 將1437系等車輛改造為無車掌車，並增設無障礙設備。

1000～1010系 長期行駛名古屋線系統中。

1000系

1972年登場。

1010系

920系改號的車輛。

1810系

行駛名古屋線系統。

2250系

過去活躍在名古屋線的車輛。

2000～2800系

行駛名古屋線、大阪線。
2610系是急行用車輛。

2000系 1978年登場。

2050系 1983年登場。

2430系 1971年登場的車輛。

2610系 1972年配備冷氣設備登場。

2680系 1971年在近鐵的通勤車輛裡率先裝設冷氣裝置，照片是叫賣專用的「鮮魚電車」。

2800系 同樣是配備冷氣設備，在1972年登場。

近鐵 京阪奈線

長田⊦⊦⊦學研奈良登美丘

和大阪市地下鐵中央線相互駛入線區。

7000系

近鐵第一款駛入地下鐵線用的車輛，電力採用軌道側面取電的第三軌供電方式。

7020系 7000系的改良型，2004年開始配備。

近鐵 奈良線、京都線 近鐵難波┉┉近鐵奈良，京都┉┉大和西大寺

連結大阪、京都與奈良的路線。二條路線在大和西大寺交會，屬於標準軌的路線。

9820系

奈良線、京都線系統的最新型車輛。6輛編組。

9020系 2輛編組。與其他車輛連結後，最長的電車是奈良線的10輛。

1020系 1991年登場的VVVF車。

1026系 最早配備有VVVF變頻控制系統的車系。

1031系 和1026系性能相同的車輛，可以無車掌運行。

3200系 最早為了駛入京都市地下鐵而登場的車輛。

3220系 可以駛入京都市地下鐵的車輛。

5800系 通勤時段是長椅型座位，其他時段則可切換為雙人座。

5820系

5800系的改良型，這車系也在大阪線上運行。

3000系

1979年登場的不鏽鋼製試作車，2012年退役。

9000系

2輛編組,和其他
系車輛連結行駛。

9200系

和9000系相似,
但是4輛的編組。

1233～1252系 配備VVVF變頻控制系統的車輛,以2輛編組行駛。

1233系 1989年登場。大阪線系統也有這款車。

1249系 1992年登場。只行駛於奈良線系統。

1252系 1993年登場,只行駛於奈良線系統。

8000～8810系 有8000系、8400系、8600系等,奈良線、京都線上數量最多的車系。

8000系 奈良線的代表性車輛。照片左方是1980年登場的8800系。

8400系 1969年登場的車輛。

8600系 1973年配置冷氣設備登場。

800系

主要行駛於奈良線。

8400系

左邊的列車是8400系,車身的塗色是過去的近鐵代表色。右邊則是12200系。

8800系 1980年時配備當時最新控制設備登場的車輛。

8810系 1981年登場的車輛,4輛編組。

近鐵 南大阪線、吉野線　大阪阿部野橋⋯⋯橿原神宮前⋯⋯吉野

由大阪阿部野橋駛往櫻花聞名的吉野。軌距與JR在來線相同，屬於窄軌路線。

6020系

南大阪線系統中數量最多的車輛。照片是復刻版塗裝的車輛。

6820系 南大阪線系統中最新的車輛。

6200系 有4輛與3輛的編組，共有38輛。

6400系 南大阪線系統中最早採用VVVF變頻控制系統的車輛。

6407系 1989年繼6400系之後登場的車輛。

6413系 1990年登場的6407系改良型。

6422系 6400車系的一員，1992年11月登場。

6432系 把6422系改造成無車掌的車輛。

6600系 6400系的改良型車輛，2輛編組。

6620系

6400系是2輛編組，這款車則是4輛編組。

京阪 京津線、石山坂本線 御陵┅┅濱大津等

京津線是直接駛進京都市地下鐵的路線,石山坂本線則
行駛琵琶湖畔。

600形 石山坂本線中數量最多的車輛,
共有20輛。

800形 駛入京都市地下鐵東西線的京津線車輛,4輛編組。

80形
京津線連通地下鐵之前
的車輛。

700形 活躍於石山坂本線上,2輛編組。

京都市地下鐵 烏丸線等 國際會館┅┅竹田等

行駛京都市內的地下鐵。有南北向行駛的烏丸線,與東西向行駛
的東西線(六地藏~太秦天神川)。

10系 烏丸線用的車輛。可駛入近鐵京都線行駛到奈良。同樣是10系
的車輛,但製造時期不同就有不同的「臉」。

50系 東西線的車輛。京阪京津線的列車
也駛入東西線內。

行駛大阪與京都之間的私鐵。在大阪與京都的中心區則行駛地下路線。

8000系 使用在特急列車的車輛，掛有雙層車廂。

9000系 擁擠的尖峰時段，也會作為特急使用。

10000系
2002年登場的車輛，用來取代之前的1900系和2600系。

13000系 2012年登場的京阪新型車輛。4輛編組是無車掌車次，行駛宇治線、交野線，7輛編組則主要行駛本線。

7000系
京阪最早配備VVVF變頻控制系統的車輛。右方照片是標準色，但也有上圖般色彩繽紛的車輛。

7200系
1995年登場的7000系改良型，配有電動車窗，按鍵就可以開關窗戶。

6000系 京阪內車輛數最多的電車，1983年登場。

5000系 尖峰時段是5門車，其餘時段則成為3門車的獨特車輛。

3000系 2008年時配合中之島線通車而登場，使用在快速急行列車。

2600系 使用舊2000系車身、機器打造的車輛。

2400系 京阪最早配有冷氣設備的車輛，1969年登場。

2200系 1964年登場，之後進行過加裝冷氣和車身改造等工程，現在仍在線上服役。

1000系 1991年到1995年之間，將老舊車輛翻修而成的車輛。

3000系 曾作為特急使用的車輛。

1900系 曾作為特急使用的車輛。

1010系 過去在京都中心區也是行駛路面的。

南海 南海本線

難波 ⋯⋯ 和歌山市

由大阪沿著大阪灣南下至和歌山的路線。

Rapi:d 行駛難波與關西機場之間的機場特急。依照停車站的不同，分為「α」「β」等類別。車輛是50000系。

SOUTHERN 難波到和歌山的特急。由指定座車（前4輛）與自由座車連結而成。照片是10000系。

SOUTHERN 照片中的12000系也是「SOUTHERN」用的車輛。2011年9月登場，暱稱是「SOUTHERN Premium」。

1000系 南海本線的通勤用車輛，是最早引進VVVF變頻控制系統的車系。

7100系 南海本線裡擁有最多車輛的車系。

8300系

2015年10月登場的最新型車輛，7000系由於此系的登場而退役。

8000系 2008年登場的通勤車輛，主要以4輛編組行駛各站停車的普通列車。

3000系

接收自泉北高速線的車輛，2013年起行駛南海本線。形式和泉北高速時代相同。

9000系

南海本線的不鏽鋼車輛。有4輛與6輛的編組。

7000系

過去是南海本線的代表性通勤車，2015年退役。

kiha5501系

駛入國鐵紀勢本線，直達白濱方向的柴油車。

南海 高野線 難波、汐見橋⇄極樂橋

大阪到高野山的路線。中途的橋本之後坡度增加。

天空號 2009年登場，設有觀景車廂2200系觀光電車，行駛高野線的橋本～極樂橋區間。

高野號 照片中的31000系也用在「高野號」。

高野號 難波到極樂橋，高野線的代表性特急列車。車輛是30000系。

林間號 難波到橋本的特急列車。照片是11000系。

泉北Liner 2015年12月開始運行難波和泉北高速的和泉中央站區間的特急。

2000系 可從難波直通運行到極樂橋的車輛。主要作為急行使用。

2200系 過去行駛於高野線，改造過後轉移至汐見橋線等的支線。

2300系 配備轉換式雙人座的車輛，主要行駛於橋本～極樂橋之間。

6000系 高野線的主力車輛之一。

1000系 可與南海本線通用的車輛，行駛難波～橋本之間。

6200系 全不鏽鋼車身的車輛，車頭形狀方正。

6300系 將6100系改造翻修後的車輛。

6100系 6000系的改良型，於1970年登場。

8200系 進行VVVF等改裝後成為6200系。

高野號 擁有「ZOOM CAR」暱稱的20001系。

21000系 2000系登場前行駛急行的列車。

行駛滋賀縣近江平原的地方私鐵線。
部分線路和東海道新幹線平行。

900形　接收自西武的新101系2輛編組，於2013年登場。曛稱是「淡海號」。

100形　接收自西武的新101系2輛編組，於2013年登場。曛稱是「湖風號」。

700形　原是西武的401系車輛，座位是轉換式雙人座。

220形

前後都有駕駛座的車輛，以單輛行駛。

500形

近江鐵道原創的車輛，過去是2輛編組。

800形　使用原是西武的401系。

ED31形

原本是伊那電氣鐵道的deki11形。伊那電氣鐵道就是現在的JR飯田線。

ED14形　舊國鐵初期的電力機車頭ED14形，共有2輛。

LE10形

過去行駛八日市～貴生川之間的柴油車。

ED4000形

接收自東武的電力機車頭。

roko1100形

原是南海的電力機車頭。近江鐵道擁有多種電力機車頭。

泉北高速鐵道 中百舌鳥⇌和泉中央

行駛大阪泉北新市鎮的私鐵，直通運行南海高野線到達難波。

5000系 在中百舌鳥站銜接南海高野線並直通運行。

7000系 1996年登場的泉北高速的主力車輛。

3000系
泉北高速最早的車輛，1975年開始營運。

7020系
2007年登場的車輛，用來取代3000系。

北大阪急行 江坂⇌千里中央

與大阪市地下鐵御堂筋線相直通運行。由江坂行駛到位於千里新市鎮的千里中央站。

8000系
擁有「Polestar」的暱稱，以10輛的編組行駛。

9000系
2014年4月登場的北大阪急行車輛，有「PolestarⅡ」的暱稱。

30000系（大阪市交）
直駛北大阪急行線區內的大阪市地下鐵御堂筋線最新型車輛。

20系
這也是地下鐵的車輛。北大阪急行列車都是直接行駛到中百舌鳥。

阪急 京都線　梅田↔河原町

大阪的梅田經過茨木市、高槻市、再東西
向橫貫京都市中心的路線。

9300系　主要作為特急與急行列車使用的京都線車輛，
部分座位是可轉換雙人座。

1300系

2014年3月開始
營運的京都線最
新形車輛，主要
用在急行和準急
列車。

3300系　為了駛入大阪市地下鐵堺筋線而打造的車輛，
是京都線數輛最多的車輛。

5300系

3300系的改良型，將軔機系統改為
低成本的電氣指令式軔機。

7300系

這個車系大都為鋁製車身。

8300系

8300系以後製造的車輛都配有VVVF變頻控制系統。

6300系

行駛京都線特急時留下的照片，2010年2月由京都線退役。

66系（大阪市交）

大阪市地下鐵堺筋線的車輛，由天神橋筋六丁目直通運行到京都線的高槻市和千里線的北千里。

100形

戰前的京都線代表性車輛。

2300系

1960年登場。

阪急 千里線　天神橋筋六丁目⊩⊩北千里

千里線在天神橋筋六丁目站和大阪市地下鐵堺筋線相互駛入運行，部分列車在中途的淡路站轉進京都線。

8300系

VVVF變頻控制的車輛，和5300系一樣可以直接駛入地下鐵線。

阪急 嵐山線　桂⊩⊩嵐山

嵐山線是由京都線的桂站到嵐山渡月橋附近嵐山站區間的路線。

京Train

週六、假日時行駛梅田～河原町之間的臨時快速特急。內裝講究，有「現代和風列車」之稱。車輛是6300系。

6300系

一直是京都線的特急車輛，但由於9300系的登場，現已轉為4輛編組移轉到嵐山線。

阪急 神戸線 　梅田⇌神戸三宮

大阪與神戶之間的路線，比平行的阪神與JR靠山側行駛。

9000系
除了照片中的神戶線之外，也行駛寶塚線的主力車輛。

8000系
神戶線與寶塚線都有相同形式的車輛行駛，是VVVF變頻控制的車輛。

7000系
阪急中數量最多的車輛。

5000系
照片中的車輛由於經過了2000年起的改造，車頭模樣已經改變。神戶線用車輛。

3000系
原為神戶線專用的車輛，現在也行駛寶塚線。

阪急 寶塚線

梅田⟷寶塚

梅田經過池田、川西能勢口等站行駛到寶塚的路線。

5100系 考慮除了寶塚線和神戶線之外,還可以運用在京都線而打造的車輛。

1000系 2013年11月開始營運的神戶線、寶塚線用車輛,以8輛編組行駛。

6000系 5100系的改良型,軔機系統改為電氣指令式軔機。

阪急 箕面線

石橋⟷箕面

寶塚線的石橋到箕面的路線。

3000系 1964年登場,現在以4輛編組在箕面線和伊丹線(塚口～伊丹)上運行。

阪急 今津線

寶塚⟷今津

寶塚線的寶塚經由與神戶線交會的西宮北口,到達可轉乘阪神的今津之間的路線。

3000系

今津線的主力車輛,6輛編組行駛。早上的尖峰時段還運行8輛編組的寶塚到梅田的直通準急列車。

6000系 6輛編組行駛寶塚～西宮北口;3輛編組則行駛西宮北口～今津區間。

阪神 阪神本線

梅田━━神戶三宮━━元町

大阪經過甲子園等站，沿著大阪灣經過神戶三宮站行駛到元町。

9000系

為了取代阪神淡路大地震受災車輛而登場的形式。後來改造成為可以直駛近鐵奈良線，並且改塗色為鮮豔的「鮮活橙色」。

9300系

6輛編組行駛，除了頭尾車之外都是固定式雙人座椅。直通運行到山陽姬路。

5700系

2015年8月開始營運的阪神最新型車輛。使用為普通列車。

5550系

將阪神淡路大地震後1995年登場的5500系改良後的車輛，2010年登場。

1000系

經過阪神難波線（尼崎～大阪難波），和近鐵奈良線相互直通運行的車輛，2007年登場。

5000系 作為停靠各站普通列車使用的車輛。

5500系 塗裝成藍色的車輛，是各站都停的普通車。

5330系

1981年登場的普通車用車輛，現在只剩下1編組4輛。

5130系 和5330系同樣在1981年登場。系列名稱不同是因為使用的機器類製造廠不同的緣故。

8000系

阪神中數量最多的車輛。

5201系

以「銀色噴射」暱稱著稱的車輛。

9000系

照片是登場當時的9000系塗色。

2000系

改造自7801系等車輛的新增車輛。

阪神 武庫川線 武庫川⟷武庫川團地前

武庫川～武庫川團地前之間的路線。順便一提，本線的武庫川站月台，是設在橫跨武庫川的橋上。

7890系 照片上的7890系和7860系，都是以2輛編組在行駛的。

187

山陽電鐵 西代↔山陽姬路等

神戶市的西代，經過以日本標準時間所在地聞名的明石駛往姬路的路線。

5000系 山陽電鐵的代表性車輛，直通運行到阪神梅田。

3000系 山陽電鐵中數量最多的車輛。

5030系 1997年登場，改造自5000系的特急用車輛。座位主要是轉換式雙人座。

6000系 2016年登場的山陽電鐵最新型車輛。原是3輛編組，但特急以2個編組6輛行駛。

能勢電鐵 川西能勢口↔日生中央、妙見口

兵庫縣的川西能勢口駛往妙見口的私鐵，是最近備受矚目的通勤路線。

1500系 原行駛阪急寶塚線的2100系。

6000系 日生中央直通運行到阪急梅田的「日生特快車」用車輛，接收自阪急。

1700系 過去活躍於阪急神戶線的2000系。

3100系 這款原來也是阪急3100系。阪急的列車也駛入能勢電鐵的路線。

5100系 接收自阪急的5100系，2014年開始營運，車號沿用自阪急時代。

神戶電鐵　新開地↔湊川↔有馬溫泉等

由神戶市區穿越六甲山區駛往有馬溫泉、三田、粟生方面的私鐵。

6500系
2016年5月開始營運的神戶電鐵最新型車輛，3輛編組。

2000系
1991年公園都市線通車時登場的車輛。

6000系
2008年神戶電鐵首度出現的不鏽鋼車輛，4輛編組。

5000系
配有VVVF變頻控制系統的車輛，有10編組40輛。

3000系
1973年登場，與5000系同樣是鋁製車身。

1100系
1969年登場，是神戶電鐵的代表性車輛。

神戶新交通 港島線 三宮══神戶機場等

行駛神戶的港島、六甲島的自動導軌捷運系統。

2000形

2006年時與神戶機場延伸路線通車同時登場的車輛。

8000形

與港島線通車同時開始行駛的車輛，2009年時全編組都退役。

2020形 2016年3月開始在港島線營運的最新型車輛。

1000形 住吉站發抵行駛六甲島線的車輛。

神戶市地下鐵 西神・山手線、海岸線 西神中央══三宮══新神戶、三宮・花時計前══新長田

神戶市地下鐵有行駛神戶市的西神新市鎮和市區之間的西神・山手線，與行駛神戶海邊的海岸線。

2000形 有4個編組24輛行駛中。

3000形

配備VVVF變頻控制系統。

5000形 活躍於海岸線的車輛。

1000形 1977年，在神戶市地下鐵通車時登場的車輛。

北神急行 新神戶══谷上

新神戶鑽過六甲山的私鐵，與神戶市地下鐵相互直通運行。

7000系

駛入神戶地下鐵西神・山手線。北神急行的車輛有5個編組30輛。

大阪高速鐵道 大阪單軌電車 | 大阪機場┅┅門真市

共有大阪機場經過萬博紀念公園等站，到達門真市的大阪單軌電車，
以及萬博紀念公園到彩都西之間的彩都線。

2000系 2001年登場。

1000系

1990年時和大阪單軌電車通車同步登場。

紀州鐵道 | 御坊┅┅西御坊

由接續JR紀勢本線的御坊站到西御坊站的區間。是一條只行駛
和歌山縣御坊市內，營業距離只有2.7公里的短路線。

KR301 2015年接收自信樂高原鐵道的車輛，車身的塗
色沒有更改。

kitetsu1形 將原是北條鐵道的軌道巴士furawa1985-2改造成的
車輛。2000年7月開始營運。

水間鐵道 | 貝塚┅┅水間

由接續南海電鐵的貝塚站，到以水
間觀音聞名的水間站之間的路線。

kitetsu2形

這也是由北條鐵道的furawa
1985-1改造成的車輛。2009
年開始運用。

kiha600形

原是行駛大分交通耶馬溪線的
車輛，在kitetsu2形登場後退
役。

1000形

將原來東急的
7000系翻修而成
的車輛。

叡山電鐵　出町柳←→八瀨比叡山口、鞍馬

從可以轉乘京阪電鐵的出町柳，駛往京都北部鞍馬地區的私鐵。

deo900形　擁有「閃亮」暱稱的車輛，縱長型的大窗戶是其特徵。

deo810形　有3個編組6輛，是叡山電鐵中數量最多的車輛。

deo710形　車頭是非貫通型（無法直接通往駕駛室）的第一代車輛。

deo800形　有2編組4輛，各編組的色帶顏色不同。

deo720形　有4輛。是1輛行駛的車系中數量最多的。

deo730形　車前後都有駕駛座的車輛，以單輛行駛。

deo600形　因為是貫通型，都以1輛或2輛的編組行駛。2008年退役。

deto1001形　維修用的電動貨車。

dena21形　照片是京福電氣鐵道叡山線時代。是當時的代表性車輛。

京福電鐵 四條大宮↔嵐山等

由可以轉乘阪急京都本線的四条大宮站，駛往嵐山方面的私鐵。

mobo101形 現役中最古老的車輛。

mobo21形 以「復古風電車」聞名。照片中是勾銀邊的27號車，另有勾金邊的26號車。

mobo301形 1971年登場的車輛。

mobo2001形 配有最新設備的京福最新型車輛。

mobo631形 共有3輛。600番台的車輛外觀都很類似；照片中的車輛已改為姊妹鐵道江之電的塗色。

mobo501形 京福最早配有冷氣設備的車輛，共有2輛。

mobo611形 600番台形式裡最早登場的車輛。照片右方是為了紀念「京福電鐵開業100周年」而改塗為傳統色「京紫」的車輛。

mobo621形 舊塗裝時代的照片。

mobo621形 1990年時，使用mobo121形車上主要機器打造的車系。外觀和mobo611系很類似。

大阪市交通局 御堂筋線等 江坂┅┅中百舌鳥等

行駛大阪市內的地下鐵,共有御堂筋線等9條路線。

御堂筋線 10系 直通運行北大阪急行路線。

御堂筋線 20系 御堂筋線是大阪最早通車的地下鐵。以10輛編組行駛。

御堂筋線 30000系 御堂筋線30000系是2011年開始營運的車輛,由北大阪急行的千里中央站到中百舌鳥站區間。

御堂筋線 8000系(北大阪急行)

與御堂筋線相互直通運行的北大阪急行車輛。行駛於千里中央與中百舌鳥之間。

堺筋線 8300系(阪急)

堺筋線與阪急千里線、京都線相互直通運行,這是阪急的車輛。

千日前線 20系 千日前線從野田阪神,經過難波等站行駛到南巽的路線。

堺筋線 66系 行駛天神橋筋六丁目與天下茶屋站之間,南北向貫穿大阪市區的路線。

谷町線 30000系

谷町線是由八尾南經天王寺、東梅田等站，到達大日的路線。照片中的30000系是谷町線的主力車輛。

30系

由谷町線通車的1967年開始運用的車輛。

中央線 20系

這也是20系，是最早登場的車系。

中央線 20系

中央線由COSMO SQUARE站東西橫貫大阪市區，行駛到長田站。

今里筋線 80系

今里筋線是由地下鐵千日前線的今里到井高野之間的路線，2006年通車。

長堀鶴見綠地線 70系

由大正站經過心齋橋、京橋等站，駛往門真南站的電磁式迷你地下鐵。

四橋線 20系

行駛大阪站附近的西梅田與住之江公園之間。

南港港城線 200系

2016年登場，行駛南港港城線（住之江公園～COSMO SQUARE）區間的最新型車輛。

南港港城線 100系

1981年3月，南港港城線通車時使用的車輛。

阪堺電氣軌道 天王寺驛前、惠美須町⊪濱寺驛前

大阪市內駛往堺方面的路面電車。

mo701形

阪堺的代表性車輛。數量最多共有11輛。

mo161形

阪堺歷史最悠久的車輛。

mo1001形

2013年8月登場，3輛連結的超低底盤車輛。除了「堺Tram」的暱稱之外，各編組都有「茶茶」「紫音」「青藍」等名稱。

mo351形

造型與mo501形很相似，這是舊型車輛。

mo501形

1957年登場。使用當時最新設備，蔚為話題的車輛。

mo601形

1996年登場的車輛。車門階梯是三級式，上下車輕鬆。

deto11形

使用在載運資材和花電車，2000年退役，現在保存在車庫內。

和歌山電鐵 和歌山⊪貴志

2006年接收自南海貴志川線的路線。

2270系

由南海接收的車輛，也更改過塗色。除了南海色（左）的車輛之外，還有3輛可愛的電車，各有「草莓電車」（右上）、「貓咪電車」（中央），和「玩具電車」（右下）等暱稱。

第5章

中國、四國

以路線別，介紹行駛於中國、四國地方的JR和私鐵，以及車輛眾多、熱鬧非凡的路面電車等多樣的車輛。

山陽本線 姬路…門司

沿著瀨戶內海一路西行的路線。全區間是神戶～門司，但此章列出姬路以西的岡山、廣島地區的列車。

227系

2015年在廣島地區登場的最新型車輛，有2輛和3輛編組，行駛福山、糸崎～岩國、德山區間。

La Malle de Bois

2016年4月在岡山地區登場的觀光列車，名稱來自於法文的「木製旅行箱」。

Sunrise瀨戶號

和「Sunrise出雲號」連結由東京到達岡山，岡山之後解連，經過瀨戶大橋駛往高松。

Sun Liner

岡山～福山之間的快速列車，使用117系4輛編組運行。照片是彩繪列車。

213系

過去行駛瀨戶大橋線的快速列車「Marine Liner」。

105系

主要行駛於福鹽線的福山～府中區間，山陽本線上則行駛岡山～福山區間。

115系

主要行駛廣島地區的L編組，也行駛岡山到下關之間的最長距離普通列車。

115系

橘色與綠色相間的「湘南色」車輛主要行駛岡山地區。

115系

3輛編組的115系行駛岡山地區，照片中是地區色，也加了彩繪。

115系

2門的115系，名為「N編組」。227系增加後，現在行駛岩國～下關區間。

115系

改造後成為2輛編組的115系。由岡山地區經由伯備線，行駛到米子、松江。

117系

照片中的117系已改為地區色，由下關地區轉移到了岡山地區。

潮路號

山陽新幹線通車前，行駛新大阪～下關區間的181系。

EF200形

JR貨物公司中馬力最強的電力機車頭。

鴿號 曾行駛新大阪～博多等區間，車輛是583系。

筑紫號 曾行駛新大阪～博多等區間的急行列車，車輛是475系。

EF210形

行駛首都圈、關西圈以及山陽本線上到幡生之間的JR貨物的電力機車頭。暱稱是「桃太郎」。

EF67形 坡度較陡的區間，掛在後方推動的補機式電力機車頭。

EF65形 國鐵時代裡直流電力機車頭中數量最多的機車頭。

EF66形 國鐵時代使用至今的電力機車頭。

kumoya145形

主要的任務，是在車輛基地裡牽引進出的車輛，以及進出車輛工廠的車輛。

DE10形 牽引貨物列車或調度貨車用的柴油機車頭。

● JR西日本

吳線　三原…海田市…廣島

由三原沿著瀨戶內海，經過吳市等站的路線。

227系 2015年3月在廣島地區登場，開始運行山陽本線和吳線等路線。平日的白天時段，現在已全面由227系運行。

瀨戶內Marine View 行駛吳線的觀光列車，車輛是kiha47形。

kiha25形

活躍在吳線電氣化之前的柴油車。

●JR西日本 、JR四國

瀨戶大橋線

岡山…兒島…宇多津、坂出

駛過跨越瀨戶內海的瀨戶大橋，連結本州與四國的
路線。正式的路線名稱上，岡山～茶屋町站之間是
宇野線，而茶屋町～宇多津站之間是本四備讚線。

Marine Liner

行駛岡山與高松間的快速列車。班次
很多，是瀨戶大橋線的代表車輛。車
輛是5000系。

Marine Liner

靠高松方向的雙層車廂是JR四國
的 5000系。照片中靠岡山方向的
2輛是JR西日本的223系。

瀨戶大橋麵包超人小火車

在固定的運行日，行駛岡山～高松、琴平等區
間的觀光列車。車內可以觀賞到瀨戶內海的風
光。JR四國的車輛。

213系

在223系、5000系
登場之前，快速列
車使用213系車輛。

115系

宇野線上除了行駛岡山～宇野區間
之外，還有行駛到琴平的車輛。

●JR西日本

赤穗線

相生…東岡山…岡山

出山陽本線上的相生，行經瀨戶內海附近的
播州赤穗、日生等站到東岡山。

115系

行駛姬路、相生～播州赤穗，
以及播州赤穗～岡山等區間。

姫新線　姫路…新見

路線名稱是將兩端站名的第一個字組合而成。

Kiha127系

行駛姬路～上月區間，2009年登場的車輛。

kiha122系

和kiha127系同時登場，單輛行駛。

kiha40形

曾行駛上月～津山、新見區間。

津山線　岡山…津山

岡山往中國山脈前進到津山的路線。

kiha40形

kiha40形和kiha47形等，都是本路線的代表性車輛。

kiha120形

主要行駛津山線，另也行駛芸備線、伯備線的岡山地區色kiha120形。以單輛或2輛編組行駛。

懷舊號

2016年4月，在津山線上開始營運的觀光列車，特色是讓人想到過往國鐵時代的內裝與車身塗色。車輛是kiha47形。

吉備線　岡山…總社

岡山到伯備線總社之間的路線，有「桃太郎線」暱稱。

kiha40形

使用的車輛和津山線同為kiha40形和kiha47形。

kiha47形

JR西日本地方支線用的柴油車，基礎色是和國鐵時代相同的紅色。

●JR西日本

境線　米子…境港

紀念漫畫家水木茂的出身地境港，有彩繪「妖怪」的趣味列車行駛。

鬼太郎列車

除了照片上的「鼠男」之外，還有「鬼太郎」「眼珠老爹」「貓女」等。

●JR西日本

美祢線　厚狹…長門市

由山陽新幹線、山陽本線上的厚狹經過美祢，到達山陰本線上長門市的路線。

kiha120形

行駛美祢線的車輛，以單輛或2輛編組行駛。

●JR西日本

福鹽線　福山…鹽町…三次

山陽新幹線、山陽本線上的福山和芸備線的鹽町之間的路線，到中途的府中之間已經電化。

115系

到府中之間也會使用115系。

105系

福鹽線的福山～府中之間的主力車輛，以2輛或4輛編組行駛。府中之後則由kiha120形接手行駛。

水島臨海鐵道　倉敷市┄三菱自工前

倉敷到水島臨海工業地帶的私鐵。

kiha37形

接收自JR東日本久留里線的車輛。國鐵時代就以無車掌運行為前提打造，因此駕駛座的旁邊就是車門。

MRT300形　水島臨海鐵道的主力柴油車，有6輛在活躍中。

京都丹後鐵道 宮舞線等 西舞鶴↔宮津等

營運當初的名稱是北近畿丹後鐵道，2015年4月時經營型態改變，鐵道名稱也改為京都丹後鐵道。

KTR700形

除了行駛普通列車之外，也使用在觀光列車「丹後赤松號」（左）、「丹後青松號」（右上）、「丹後黑松號」（右下）上。

KTR8000形

以「丹後發現號」暱稱登場。照片中的車輛經過翻修，名稱為「丹後之海號」。

KTR001形

登場時的暱稱是「丹後探險家號」，現在主要行駛臨時列車。

115系

JR西日本的車輛也由福知山直接駛入宮津。照片中的115系之外，113系也會駛來。

MF200形

和MF100形型式相同，但200形為「鳶紅色」。

KTR800形

和KTR700形型式相同，但800形內沒有廁所設備。

MF100形

1988年登場的車輛。

智頭急行 智頭線 上郡┅┅智頭

由JR山陽本線的上郡經由姬新線的佐用，到達智頭的第三型態鐵道。

HOT-3500形
HOT-7000形

智頭急行的主力車輛。照片左方的HOT-3500形行駛上郡～智頭～鳥取區間，照片右方的HOT-7000形則是行駛京都～鳥取、倉吉區間的「超級白兔號」。

超級稻葉號

行駛岡山～鳥取區間。車輛是JR西日本的kiha187系。

超級白兔號

行駛京都～鳥取、倉吉區間，配備有控制式傾斜裝置。

若櫻鐵道 郡家┅┅若櫻

JR因美線的郡家到若櫻區間的第三型態鐵道。承接JR若櫻線營運。

WT-3000形

將若櫻鐵道開始營運時的車輛WT-2500形改造而成的車輛。

WT-3300形

2001年增加配備的不鏽鋼車輛。

C12形

雖然沒有車籍，但會在固定日期在若櫻站內行駛。客車是接收自JR四國的12系。

井原鐵道 總社┅┅神邊

由JR伯備線的總社到福鹽線的神邊之間，行駛中國山脈山麓的第三型態鐵道。

IRT355形

1999年在路線營運同時登場。

因美線 鳥取…東津山…津山

山陰本線的鳥取到中國山脈的東津山之間的路線。
列車直駛津山。

kiha47形

JR西日本的車輛。和駛入
因美線的若櫻鐵道、智頭急
行的車輛一起行駛。

伯備線 倉敷…伯耆大山…米子

由岡山縣穿過中國山脈駛往鳥取縣的路線。

八雲號

行駛伯備線的特急列車。
行駛山陽新幹線的岡山到
日本海側的出雲市區間。
車輛是381系。

Sunrise出雲號

JR碩果僅存的寢台列
車之一。東京～岡山區
間和駛往高松的
「Sunrise瀨戶號」聯
結行駛。

八雲號 將381系翻修而成的車輛,有「寬敞八雲號」的暱稱。照片
的編組名為「一般編組」。

kiha121形

主要使用在山陰本線
的車輛。伯備線上則
行駛米子～生山區
間。

D51形三重連

蒸氣機車頭時代以3台D51
形連結爬上陡坡。

芸備線 新見…備中神代…廣島

岡山的備中神代經過中國山脈,經三次站
往廣島的路線。列車由伯備線的新見直通
運行。

EF64形

JR貨物的機車頭,行駛岡山地區到米子的
區間。照片是1000番台。

kiha40形

照片中是JR西日本的地區色
「鱈魚子色」。

●JR西日本

可部線　廣島…橫川…可部

由橫川穿過郊區的衛星城市行駛到可部的路線。列車由廣島直通運行。

105系

過去的可部線主力車輛。

227系

2015年10月，繼廣島地區的山陽本線、吳線之後開始在可部線上運行。有3輛和2輛的編組，行駛福山、糸崎～岩國、德山區間。

103系

過去主要行駛於吳線，但尖峰時段也行駛可部線。

●JR西日本

宇部線、小野田線　新山口…宇部，居能…小野田等

行駛山口縣瀨戶內海側的地方支線。

123系

105系是2輛編組，但123系是單輛行駛。

105系

地區色塗色的2輛編組行駛。

kumoha42形

曾行駛於雀田～長門本山之間本山支線上的人氣舊型電車。

●JR西日本

岩德線　岩國…櫛之濱…德山

山陽本線的岩國到櫛之濱，是山陽本線的捷徑路線，列車直通運行至德山。

kiha40形

岩德線也使用這款kiha40形。

錦川鐵道　川西╫╫錦町

接手JR西日本岩日線的山口縣第三型態鐵道，連結岩德線的川西和錦町區間。列車由川西直通運行到山陽本線的岩國。

NT-3000形

錦川鐵道的每輛車輛都有不同塗色，也各有暱稱。

山口線 新山口⋯益田

由設有山陽新幹線車站的新山口，經過山口、
津和野，駛往益田的路線。

SL山口號 由C571牽引的高人氣
蒸氣火車。

山陰本線 鳥取…幡生…下關

沿著日本海行駛京都～下關區間。此頁列出鳥取以西的區間。

超級白兔號

由京都行駛到鳥取、倉吉。是關西與山陰之間最省時的特急列車。

kiha120形 山陰本線用的kiha120形行駛出雲市～益田區間。

超級隱岐號

行駛鳥取到米子和新山口區間的特急列車，車輛是kiha187系，是山陰本線的代表性列車。

美鈴潮彩號 行駛山口縣仙崎經長門市到下關的觀光列車。列車名稱中的「美鈴」，來自於仙崎出身的童謠詩人金子美鈴。車輛使用kiha47形。

kiha126形

主要行駛山陰本線上鳥取～米子、出雲市區間的快速列車「鳥取Liner」，以及米子～濱田、益田區間的快速列車「Aqua Liner」。

kiha40形 照片中的車輛行駛在豐岡～濱坂之間。

kiha33形 行駛過濱坂～鳥取等區間。

廣島電鐵

廣島站┅┅廣電宮島口等

廣島是日本路面電車數量最多的「路面電車王國」。路線網不但遍佈廣島市內，也有駛往宮島的路線。

5000形 有「Greenmover」之稱。是最早5輛連結的車輛。

3950形 暱稱為「Green Liner」的3輛連結車。1997年登場。

3900形 1990年登場的3輛連結。

3800形 最早配置VVVF變頻控制系統的3輛連結。1987年登場。

3700形 3輛連結的車輛，1984年登場。

3500形 有「輕快電車」之稱，是最早期的高性能3輛連結車輛。1980年登場。

3100形 將2500形改造成3輛連結的車輛。

3000形 曾行駛西鐵福岡市內線的3輛連結車輛。

2000形 2輛連結行駛。

800形 1983年登場，有「新性能車輛」之稱。

1900形 原為京都市電的車輛。

1150形 原為神戶市電的車輛。

900形 原為大阪市電的車輛。

750形 原為大阪市電的車輛。

700形 1982年登場的原創車輛。

650形 經歷過原子彈爆炸的車輛。

600形 原為西鐵北九州市內線的車輛。

570形 原為神戶市電的車輛。

350形 1958年登場。

150形 戰前車輛，經歷過原子彈爆炸。

100形 無車門的單輛車，只行駛固定的時刻。

200形 來自德國漢諾威市，主要行駛週末等時段。

貨50形 作為電車花車（裝飾電車）使用的活動用電車。

550形 1955年登場的車輛。

1000形

2013年2月在市內線上登場，是3輛連結的超低底盤車輛。第一編組名為「PICCOLO」，而第二編組則有「PICCOLA」暱稱。

70形 來自德國多特蒙德市的3輛連結車輛。

廣島高速交通　本通↔廣域公園前

行駛廣島市中心到郊區的自動導軌捷運系統，暱稱「ASTRAM LINE」。

6000系 1994年廣島高速交通通車時登場的車輛。

1000系 廣島高速交通的最新車輛。

一畑電車　松江宍道湖溫泉↔出雲大社前、電鐵出雲市

由松江沿著宍道湖北側駛往出雲大社、出雲市方向的私鐵。

3000系

原為南海的21000系。和南海時代一樣以2輛編組行駛。

5000系

原本是京王的5000系。改裝為雙門的固定式雙人座，行駛急行等列車。

1000系 2015年2月登場，原為東急1000系。做成彩繪列車的第3編組有「島根子號Ⅱ」的暱稱。

60形 原本是西武的551系，2006年退役。

dehani50形

一畑的原創車輛。營運雖已結束，但仍以可以行駛的狀態保存。

dehani50形

在改成主要是黃色系車體之前塗色的車輛。

2100系 原本也是京王的5000系。有4個編組，車色也各不相同。

岡山電氣軌道　岡山站前⇌清輝橋、東山

行駛岡山市中心區的路面電車。行駛距離雖然只有約5公里，卻有多種形式的電車在行駛。

9200形 擁有「MOMO（桃）」暱稱，是最新型的超低底盤車。

3000形 曾行駛東武日光軌道線的車輛，車體也維持當時的塗色。

3000形 以「KURO（黑）」的暱稱聞名，塗裝成黑色的復古電車。

7000形 1980年登場的翻修車輛。

7100形 1981年登場的翻修車輛。

7200形 1982年登場的翻修車輛。

7300形 1983年登場的翻修車輛。

7400形 1984年登場的車輛。

7500形 1985年登場。

7600形 1986年登場。

7700形 1987年登場的翻修車輛。

7900形 1989年登場。

予讚線

高松…宇和島

沿著瀨戶內海行駛四國的路線。

8600系 2014年6月登場，使用為「石鎚號」的JR四國特急用車輛。2016年3月，「潮風號」也開始使用這款車輛。照片中的第1車，是商務座和普通座各半的半室商務車廂。

麵包超人列車

2016年3月起，8000系的「石鎚號」和「潮風號」，也加入了麵包超人列車行駛。

宇和海號 松山到宇和島的特急列車。
車輛是2000系。

潮風號、石鎚號 「潮風號」行駛岡山～松山,而「石鎚號」則是
行駛高松～松山的特急列車,宇多津～松山之間
則連結行駛。車輛是8000系。

伊予灘物語號

松山～伊予大洲、八幡濱之間
的觀光列車,可以享用到使
用沿線食材的餐點。車輛是
kiha47形改裝而成。

7200系

將四國最早的電車121
系的機電系統翻新後的
車輛。2016年登場。

7000系

JR四國的代表性地方支線用電車。
行駛於高松～伊予市之間。

113系 由JR東日本接收來、整修的113
系車輛。2000年開始行駛。

115系 JR西日本的115系。由岡山經
過瀨戶大橋,行駛到多度津,
再到土讚線的琴平。

6000系

配備有轉換式雙人
座的車輛。主要行
駛高松地區。

121系 有紅色色帶的121系,是改
裝為無車掌車輛的車系。

185系 松山～宇和島間的普通
列車。

土讚線 　多度津…窪川

由瀨戶內海邊行駛到太平洋邊，
縱貫四國的路線。

南風號 JR四國的代表性特急列車。由岡山駛往高知、
宿毛等地。車輛是JR最早裝備主動式傾斜裝置
的2000系。

絕景!土讚線秘境小火車 在琴平～大步危區間等運行的觀光
列車。行駛中可以欣賞到土讚線的
絕景大步危峽。

足摺號 **四萬十號**

「足摺號」（照片左）行駛於高知～中村、宿毛之間，「四萬十號」
則是高松～高知之間。都是2000系的車輛。

1000形

JR四國的地方支線用柴油車。

kiha54形

與kiha32同時登場，在高知地區退役。

kiha32形

國鐵最後時期登場的柴油車。

南風號

登場當時使用的是kiha181系。

●JR四國

牟岐線　德島…海部

由德島沿著紀伊水道駛往海部的路線。

室戶號　行駛德島牟岐、海部區間。

kiha40形　牟岐線主力的柴油車。

1500形

照片是行駛在牟岐線上的1500形。生產年份不同車形也有差異。

高德線 高松…德島

沿著瀨戶內海行駛高松與德島區間的路線。

kiha40形 國鐵時代啟用的kiha40形,現在也改為JR四國的塗色了。

渦潮號 行駛岡山、高松與德島區間的高德線代表性特急列車。

1200形 改造1000形再加上廁所設備的車輛,可以和1500形連結行駛。

1500形 行駛高德線和德島線、牟岐線、鳴門線等。

德島線 德島…阿波池田

沿著吉野川行駛到可轉乘土讚線的阿波池田。
正式的區間是佐古~佃。

鳴門線 池谷…鳴門

駛往以大旋渦聞名的鳴門。

1000形 JR四國的代表性地方支線用柴油車。

kiha40形 與1000形一起行駛的柴油車。

予土線　宇和島…窪川

沿著四萬十川行駛的路線。

四萬十小火車

予土線上有人稱「予土線三兄弟」的3種車輛。
照片是「長子」，是kiha54形連結貨車行駛的
「小火車」。車身是黃色。

海洋堂Hobby列車

3兄弟的「老二」，是和公仔廠商海
洋堂合作的車輛。海洋堂Hobby館就
在予土線沿線。

鐵道Hobby列車

就是3兄弟的「老三」，特色是模仿
0系新幹線的前頭形狀和車色。

kiha54形

JR四國的kiha54形屬
於0番台，是雙門的長
椅座位。

kiha32形

在國鐵時代即將結束時登
場，特色是可愛的車身。剛
推出時還被稱為「新軌道巴
士」呢。

伊予鐵道 高濱線等 | 高濱↔松山市等

行駛松山市內的私鐵,有鐵道線(高濱線、橫河原線、郡中線)與路面電車。

610系

不鏽鋼車體,是伊予鐵道的原創車輛。

710系 原為京王的5000系。

3000系 原為京王井之頭線的3000系。

810系

原為京王2010系。

moha100形

與高濱線電氣化同時啟用的車輛。

Maintopia別子

別子1號 愛媛縣新居濱市的Maintopia別子,是一處利用過去別子銅山的設施遺跡開設的主題樂園。端出場站起有礦山鐵道「別子1號」行駛。

moha2100形

伊予鐵道路面電車的新型車輛，屬於超低底，共有10輛。

moha50形

伊予鐵道路面電車的代表性車輛。照片是後期型的外觀。

moha2000形

原為京都市電的2000形車輛。塗色已改為伊予鐵色的橙色。

moha50形

造型雖然不同，但同樣是moha50形。

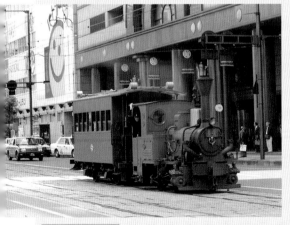

少爺列車

行駛路面區間的觀光用車輛。行駛松山市站～道後溫泉區間。

高松琴平電鐵 高松築港⇄琴電琴平、長尾等

行駛高松市與近郊的私鐵，有琴平線、長尾線、志度線（瓦町～琴電志度）等3條路線。

1200形 原本是京急的700形。

1100形 原本是京王的5000系，共有4個編組。

1080形

原本是京急的1000形。黃色車輛是琴平線專用。

1070形 原本是京急的600形，車頭部分已經局部改造。

1300形 這款也是京急的1000形，行駛長尾線。

600形

過去屬於名古屋市地下鐵，綠色車輛主要行駛於長尾線。

800形 志度線的車輛。志度線之前屬於名古屋市地下鐵。

3000形 已行駛很久的琴電原創車輛。

20形 原本是近鐵的mo5621形。

1000形 大正時代的車輛,現在使用在有活動時。

5000形 這也是活動用的車輛,打造於昭和3年(1928年)。

700形

接收自名古屋地下鐵的車輛。

1060形 原為阪神的車輛。

750形 原本來自於岡山的玉野市營鐵道。

deka1形

電動貨車。貨車的正中間配有駕駛座。

30形 原本是阪神的車輛,照片攝於1976年左右。

30形 原本是京急的230形。

土佐電交通 後免町┄播磨屋橋┄伊野等

有南北和東西2條路線的路面電車，在高知市區內的播磨屋橋交錯。

100形

暱稱為「HearTram」的車輛，是超低底盤的最新型路面電車，上下車非常方便。

600形 數量最多的土佐電代表性車輛。

1000形 1981年登場。

2000形 2000年登場。

7形 一般以暱稱「維新號」稱呼，無車門的車輛。

200形 數量僅次於600型的原創車輛。

590形 名鐵岐阜市內線廢線時移轉過來的車輛。

700形 曾行駛於下關市內的路面電車。

800形 也是來自下關的路面電車。

910形 從葡萄牙里斯本引進的車輛。

貨1形 電動貨車。

198形

從挪威奧斯陸引進的車輛。

300形 車內有卡拉OK設備的「卡拉OK電車」。

735形 由德國斯圖加特引進的車輛。

320形 奧地利格拉茨引進的車輛。

1606形 來自奧地利維也納的車輛。

541形 也來自奧地利維也納的車輛。

533形

葡萄牙里斯本引進的車輛。

土佐黑潮鐵道 窪川━中村等

行駛高知縣內的第三型態鐵道。共有窪川～中村～宿毛的中村、宿毛線；後免～奈半利的後免、奈半利線。

9640形 後免、奈半利線專用的一般車輛。

9640形 行駛後免、奈半利線上。是開放式的活動專用車輛。

TKT-8000形

中村線、宿毛線用的車輛。每輛車廂都被取了像是「蜻蜓」等的暱稱。

1000形(JR 四國)

相互直通行駛高知～奈半利區間。

阿佐海岸鐵道 海部━甲浦

由德島縣的牟岐線海部，到高知縣甲浦之間的第三型態鐵道。

ASA-300形

接收自因颱風受災而廢線的宮崎縣高千穗鐵道的車輛。

ASA-100形

阿佐海岸鐵道營運時使用的車輛。

第6章

九州、沖繩

按照路線，介紹地形變化豐富的九州與沖繩的JR與私鐵車輛。

九州新幹線 博多…鹿兒島中央

博多到鹿兒島中央之間的路線，2011年3月時，
隨著博多～新八代區間的通車而全線通車。

燕子號 九州新幹線各站停車的列車。照片的800系，在
新八代～鹿兒島中央通車的2004年3月登場。

瑞穗號

2011年3月登場的山
陽、九州新幹線的最
快速列車。新大阪～
鹿兒島中央不到4小
時便可到達。

鹿兒島本線 門司港…八代等

JR九州的基本幹線，行駛北九州、福岡與熊本等地。

閃耀號

行駛門司港、小倉～博多區間。照片的787系是6輛或7輛編組，最長可到12輛編組。

海鷗號

行駛博多～長崎區間的特急列車。照片是有「白色海鷗」之稱的885系，以6輛編組行駛。

811系 主要行駛在福岡市的中心地區，是JR九州第一批通勤用車輛。

817系 3000番台 行駛鹿兒島本線的「白色通勤車」。3輛編組行駛，座位是長椅式。最長以9輛編組行駛。

815系 行駛鳥栖到熊本地區的電車。

813系 主要行駛福岡縣的各都市。

415系

照片是國鐵時代配屬九州的最後一批415系車輛。

415系

國鐵時代活躍至今的交直流兩用電車,會穿過關門隧道行駛到下關。

EF81形

由山口縣幡生穿過關門隧道到熊本縣八代等站的交直流電力機車頭。

ED76形

在九州登場的交流電專用電力機車頭。車體側面有白色色帶的ED76是JR貨物的機車頭。

EH500形

JR貨物的交直流電力機車頭。由山口縣的幡生牽引貨櫃列車到福岡貨物總站。

421系

九州地區最早登場的國鐵電車。

EF30形

過去曾行駛過關門隧道的電力機車頭。

櫻花號

由ED76形牽引的「櫻花號」在2005年退役。

有明號

第一代「有明號」使用的是481系。

阿蘇號

「阿蘇號」是過去九州到本州的急行列車名稱。

●JR九州

長崎本線 鳥栖…長崎等

由佐賀縣鳥栖向西南延伸到長崎的路線。沿線的有明海風景相當優美。

海鷗號

行駛博多～長崎之間的特急。照片是擁有「白色海鷗號」暱稱的885系。

綠號

博多行駛到佐世保的特急列車，半途的肥前山口之後，屬於佐世保線。

kiha66、67形(左) kiha200系(右)

由長崎行駛長崎本線和大村線到佐世保的車輛。

海鷗號

長崎本線電氣化之前的「海鷗號」是柴油車。

西伯號

過去行駛長崎與佐世保之間的特急。

●JR九州

大村線 早岐…諫早

沿著大村灣行駛的路線，長崎～佐世保的快速列車也行駛這條路線。

豪斯登堡號

博多到豪斯登堡之間的特急列車。到早岐之間和「綠號」連結行駛。

kiha200系 主要行駛快速列車的柴油車。

久大本線　久留米…大分

由久留米經過日田、由布院，東西橫貫九州的路線。

七星in九州　周遊九州各地的JR九州豪華郵輪式列車。想搭乘必須先行預約，不會出現在時刻表上。

ARU RESSHA　2015年登場的觀光列車，車內可以享用到使用沿線食材做的甜點。

由布號

由博多行經久大本線，抵達大分、別府的特急。車輛是kiha185系。

由布院之森號

由博多經過由布院駛往別府。照片中的山是由布岳。

由布院之森號

照片是後來追加的車輛，行駛博多～由布院區間。

由布DX號

過去曾由博多行經久大本線，抵達大分、別府。

kiha220形

kiha200系裡有2輛編組的kiha200形和單輛的kiha220形。

kiha200系

行駛久大本線的支線用柴油車。2輛編組。

kiha125形

黃色的車體是其特徵，也是單輛運行。

●JR九州

豐肥本線　熊本…大分

可以觀賞阿蘇山雄偉山容的路線。

kiha200系

行駛豐肥本線全區間的柴油車。

九州橫斷特急

由別府經過大分橫貫九州到達熊本的特急列車。

阿蘇號

「九州橫斷特急」登場之前的列車。

阿蘇男孩號

由熊本爬上九州最陡坡度，到達阿蘇山麓宮地的觀光特急。

阿蘇BOY號

蒸氣機車頭8620型牽引的SL列車。

日豐本線　小倉…鹿兒島

小倉沿著九州東側向南行駛，是九州最長的一條路線。

霧島號

行駛宮崎、國分到鹿兒島中央區間。
照片上的列車，是4輛編組的787系。

日輪喜凱亞號

由博多經過小倉行駛到宮崎機場。

音速號

博多到大分等地的特急列車，在中途的小倉會改變行進方向。車輛是有「白色音速號」暱稱的885系。

隼人之風號

從鹿兒島中央經過隼人，行駛到吉松的觀光特急。

音速號

和「白色音速號」行駛相
同區間。車輛是883系。

815系 主要行駛大分地區的電車。

霧島號&日向號

行駛「日輪號」「霧島號」
「日向號」的485系，現在
已改用783系和787系。

813系 主要行駛小倉和中津區間。

713系 主要行駛延岡～宮崎
機場之間的電車。

817系 主要行駛延岡～宮崎機
場、鹿兒島中央區間。

彗星號

過去由關西到宮崎、都城的
寢台列車。

日輪號

第一代使用的是481系車
輛。

富士號

過去由東京行經日豐本線駛
往鹿兒島。

香椎線　西戶崎…香椎…宇美

和鹿兒島本線在香椎，和篠栗線在長者原交會。

kiha47形　香椎線的主力柴油車。2輛編組行駛。

篠栗線　博多…吉塚…桂川

鹿兒島線的吉塚和筑豐本線的桂川之間的路線。電車直通行駛博多～新飯塚、直方等。

817系　當地人暱稱篠栗線、筑豐本線為「福北豐饒線」。照片中的817系是線上的主力車輛。

筑豐本線　若松…原田

由若松經過直方、飯塚等地抵達原田，是行駛於筑豐地區的路線。

kiha140形

行駛桂川～原田非電氣化區間的柴油車。單輛運行。

813系　和817系一起在篠栗線服役，主要以3輛編組行駛。

筑肥線　（電化區間）姪濱…唐津…西唐津

筑肥線分為姪濱～唐津，以及山本～伊萬里二段區間。電化區間是姪濱到唐津之間。

303系

筑肥線會直接駛入地下鐵到達福岡機場。303系為了能夠駛入地下鐵區間，而配有自動駕駛裝置。

305系

繼303系之後登場的「白色電車」。305系車輛登場後，地下鐵區間全部是自動駕駛。

103系

筑肥線的電氣化時登場，現在行駛筑前前原～唐津、西唐津區間。

●JR九州

肥薩線　八代…隼人

熊本縣八代與鹿兒島縣隼
人之間的路線。是一條可
以觀賞到球磨川清流與江
火野高原風光的觀光路
線。

隼人之風號

行駛在花田之間的觀光特急
列車，車窗像是一面有著荷
花田的照片一般美麗。

伊三郎號／新平號

行駛熊本人吉～吉松區間的觀光列車。
上行與下行的列車名稱不同，下行列車
是「伊三郎號」，上行列車則是「新平
號」。

SL人吉號

行駛熊本～人吉區間的蒸氣火車，
機車頭是8620形。

kiha140形

改良自kiha40形的
車輛，肥薩線上也
有此形車輛。

球摩川號

曾行駛熊本～人吉區間。

kiha31形　肥薩線上的主力車輛。

三角線 熊本…宇土…三角

由鹿兒島本線的宇土，到天草群島的玄關三角的路線。列車由鹿兒島本線的熊本直通運行。

坐A列車去吧 行駛熊本～三角區間的觀光列車，車內還配備了酒吧櫃台。使用的是kiha185形的2輛編組。

kiha200系 和豐肥本線共用的車輛，另有kiha31形行駛。

松浦鐵道 有田⊢⊢佐世保

行駛佐賀縣與長崎縣之間，是九州最西方的第三型態鐵道。

MR-600形 在九州最西端車站田平平戶口站附近，可以欣賞到大海景色。

MR-600形 2007年登場的松浦鐵道車輛。

MR-500形 有「レトロン号」的暱稱，主要使用在包租列車上。

MR-400形 1998年的增備車輛，比MR-100形較為大型。

MR-100形 1988年4月，松浦鐵道接收JR路線時開始行駛。

筑肥線 （非電化區間）西唐津…山本…伊萬里

筑肥線有電化區間和非電化區間二種，非電化區間是唐津線的山本到松浦鐵道的伊萬里之間，列車由西唐津直駛。

kiha125形 車輛主要使用和唐津線共用的kiha125形。

平成筑豐鐵道 | 直方⊷⊷田川伊田等

行駛多煤礦坑的筑豐地區的第三型態鐵道。

潮風號

行駛門司港懷舊區觀光線，後方看到的是關門橋。

400形 2007年登場的平成筑豐鐵道車輛。

500形 以400形設計出來的「懷舊式」車輛，座位是轉換式雙人座。

300形 1989年接收JR路線時開始使用的車輛，2010年退役。

●JR九州

唐津線 | 佐賀…久保田…西唐津

由長崎本線的久保田分支出來，到達玄界灘旁唐津、西唐津的路線。列車由佐賀直通運行。

kiha47形 和kiha125形一起行駛佐賀～唐津、西唐津區間。

●JR九州

日田彥山線 | 小倉…日田

由日豐本線的城野分支出去，到與久大本線交會的夜明站之間的路線。列車由小倉直通運行到日田。

kiha147形 改良自kiha47形的車輛，主要行駛坡度較陡的路線。

西鐵 天神大牟田線等　西鐵福岡（天神）╫╫大牟田等

路網由福岡市中心延伸到久留米、大牟田方向的私鐵。另有太宰府線（西鐵二日市～太宰府）和甘木線（宮之陣～甘木）。

旅人號

西鐵的第一列觀光列車。行駛西鐵福岡（天神）～太宰府區間，和西鐵二日市～太宰府區間。車輛是8000形。

水都號

旅人號之後的西鐵推出的觀光列車，使用在西鐵福岡（天神）～大牟田區間的特急列車。

8000形

擁有雙門、轉換式座椅，主要行駛特急列車。前頭車的大型車窗極富特色。

7050形 備有單人駕駛設備的2輛編組車輛。主要行駛甘木～大牟田區間，3門車。

3000形 2006年登場的3門車。

5000形 天神大牟田線上數量最多的車系。

7000形 備有單人駕駛設備的4門車，2輛編組。

6000形

最早改成4門車的車系。

600形 過去是天神大牟田線的代表性車輛。

2000形 8000系登場之前的特急用車輛。

6050形 最早配備有VVVF變頻控制系統的電車，是6000形的改良型。

西鐵 貝塚線

貝塚 ⇌ 西鐵新宮

由和福岡市地下鐵箱崎線交會的貝塚出發的路線。在西鐵新宮～津屋崎之間的廢線，路線名稱由宮地岳線改為貝塚線。

600形

天神大牟田線接收過來的車輛。

313形

原行駛貝塚線，但於2015年退役。

300形

宮地岳線廢止後退役。

福岡市地下鐵　福岡機場┅┅姪濱等

行駛福岡市中心區的地下鐵,共有機場線、
箱崎線、七隈線等3條路線。

1000系

與福岡市地下
鐵的開業同時
登場的車輛。

2000系
由福岡機場行駛到JR筑肥線筑前深江站的機場線、箱崎
線車輛。1993年登場。

3000系

天神南～橋本區
間的七隈線用車
輛。此外,七隈
線是線性馬達式
的地下鐵。

103系(JR九州)

曾駛入福岡市地下鐵的
JR九州車輛。

303系 (JR九州)

和305系都有駛入福岡市地下鐵區間的
JR九州車輛。

筑豐電鐵　黑崎站前┅┅筑豐直方

福岡縣北九州市的黑崎到筑豐地區的私鐵,
由路面電車型的車輛行駛。

5000形

2015年登場的3車
廂2轉向架的超低底
盤車輛。第1編組為
粉紅色、第2編組為
淡綠色的塗色。

3000形
以2輛連結運行的連結車,是
筑豐電鐵的代表性車輛。

2000形

由於2000形電車
都已經改為構成
彩虹的塗色,因
此又有「彩虹電
車」之稱。

2000形

過去的2000形塗
色,原本行駛西鐵
福岡市內線。

244

北九州高速鐵道　小倉⇔企救丘

行駛北九州市內的單軌電車，區間是小倉到企救丘。

1000形

由小倉站發車的單軌電車。小倉可以轉乘山陽新幹線、鹿兒島本線、日豐本線等。

1000形 1000形是在1985年1月的北九州高速鐵道通車同時登場的，4節編組。

島原鐵道　諫早⇔島原外港

由諫早行駛島原半島有明海側的私鐵。

kiha2500形
與JR九州的kiha125形外觀類似的柴油車。

D37形 柴油機車頭。現在沒有行駛，保存展示中。

kiha2550形

kiha2500的改良型。外觀相似的柴油車在日本各地都看得到。

甘木鐵道　基山⇔甘木

承接原國鐵甘木線的第三型態鐵道。橫跨佐賀縣與福岡縣行駛。

AR-200形
1992年添購的車輛。只有一棟形式，1輛。

AR-100形
1986年甘木鐵道開業同時登場的車輛。

AR-300形 甘木鐵道的代表性車輛。車色上除了有依據國鐵急行色和近郊色的塗色外，還各有1輛粉紅和藍色基色車輛。

熊本市電　田崎橋、上熊本站前┅┅健軍町

駛遍熊本市區的路面電車，低底盤車輛多，
是上下車都輕鬆的路面電車。

0800形

2009年4月登場，是熊本
市電的最新車輛。超低底
盤的連結車。

9700形
日本最早的超低底盤連結車。

9200形
1992年登場的新型路面電車。

8800形
1988年登場的新性能路面電車。

8800形
復古風的101號。屬於8800形。

8500形
1985年登場，沿用1200形的機材。

8200形
1982年登場。日本最早配備VVVF變頻控制
系統的車輛。

5000形
接收自西鐵福岡市內線的連結車。

1350形
最早配備冷氣設備的路面電車。

1200形
1958年登場的車輛。

1090形
1957年登場。

1080形
1954年登場。

1060形
1951年登場。

熊本電鐵 藤崎宮前、上熊本┅御代志

行駛熊本縣內的私鐵。過去曾
從熊本市內行駛到菊池溫泉。

6000形

接收自都營地下鐵三田線的車
輛。是數量最多車系的車輛。

01形 接收自東京地下鐵的銀座線車輛。
集電弓是新裝配上去的。

200形 原為南海22000系。主要在夏季觀光客多
的時期，行駛上熊本～北熊本區間。

5100形

原本是東急5000系，
車體也維持原本的
「青蛙色」沒有改
變。2016年退役。

moha71形

最後在車庫裡負
責調車。

●JR九州

日南線 宮崎…南宮崎…志布志

由宮崎沿著日向灘南下的路線。

kiha40形 日南線主力車輛的柴油車。

海幸山幸號 2009年10月登場的日南線特急列車。

長崎電軌

路網遍布長崎市內的路面電車。

赤迫↔正覺寺下等

5000形 2011年2月登場，是3節車廂2座轉向架的超低底盤車輛，搭載VVVF變頻控制系統。

3000形 超低底盤，配有VVVF變頻控制系統的路面電車。

1800形 2000年登場。

1200形 1982年登場。

1300形 1987年登場，車身和1200形類似。

1500形 1993年登場，這款的車身也類似1200形。

1700形 1999年登場，這款車輛也和1200型類似。

201形

1950年登場之後一直活躍至今，可說是長崎電軌招牌的車輛。

202形

1950年登場。車型和201形相同，但製造廠不同。

211形

1951年登場。

300形

1953年登場。

360形

1961年登場。

370形

1962年登場。

168

木製的古老路面電車。是具有雙層車頂的「雙屋頂」車。

87形

舉辦活動時使用的花式電車（裝飾過的電車）車輛。

500形

1966年登場。

701

原是都電杉並線的2000形。

601

原是熊本市電的171。

151

原是箱根登山鐵道小田原市內線的車輛。

1051

原是仙台市電，照片是舊的塗色。

2000形 1980年登場，有「輕快型」之稱。

鹿兒島市電 鹿兒島站前┅┅谷山等

穿過鹿兒島市區駛往郊區的路面電車。

100形

為了紀念鹿兒島市電通車100周年，而於2012年12月開始營運的觀光復古電車「鹿兒電」。

7000形

2007年4月登場的5車廂的超低底盤連結車。擁有「U Tram II」的曙稱。

1000形

擁有「U Tram」曙稱的超低底盤式連結車。

2100形

1989年由JR九州製造。

2110形

1991年登場。

2120形

1991年登場。

2130形

1992年登場。

2140形

1994年登場。2100形到2140形都是由JR九州製造。

9500形

原是大阪市電800形翻修後的車輛，1995年登場。

9700形

1998年登場。

500形

1955年登場。

600形

1959年登場。

20形

作為花式電車使用的活動專用車輛。

500形

櫻島背景中行駛的舊塗色時代的照片。

南阿蘇鐵道　立野 ⊬⊬ 高森

行駛阿蘇山南麓的第三型態鐵道。
國鐵時代是高森線。

觀光小火車

以「夕菅號」列車名行
駛的觀光列車。

MT-3000形

除了照片中的3001以
外，同型還有復古車
體的3010。

MT-2000形

從1986年南阿蘇鐵道誕生時活
躍至今的車輛。

肥薩橙鐵道　八代 ⊬⊬ 川內

九州新幹線通車後，承接JR鹿兒島本線八代～川內
區間的第三型態鐵道。

HSOR-100形

肥薩橙鐵道的主力
車輛。部分車輛有
彩繪漫畫或是沿線
的吉祥物。

HSOR-152形

有「橘子號」暱稱的
觀光兼活動用車輛，
車內設有轉換式雙人
座椅和餐桌。

Orange食堂

連結「餐廳車」和
「客廳車」的2輛
編組。車內可以享
用使用沿線食材調
理的美味料理。

ED76形

經營的公司雖然
換了，但JR貨
物列車仍繼續行
駛這條路線。

熊川鐵道　人吉┅┅湯前

承接原JR湯前線的第三型態鐵道。

KT-200形

多使用在活動時的柴油車。

①

②

KT-100形

混合型座位的柴油車，車窗外一片的波斯菊美景。

③

④

田園交響曲號

2014年3月開始營運的KT-500形。每1輛都有各自的暱稱，塗色也各不相同。①春季（米黃）②夏季（藍色）③秋季（紅色）④冬季（褐色）⑤白秋（白色）

⑤

KT-31形

原是JR九州的kiha31形。

指宿枕崎線　鹿兒島中央┅枕崎

看著車窗外的櫻島駛往太平洋岸枕崎的路線。

油菜花 DX

「指宿之玉手箱」列車登場之後退役。照片的kiha200系，現在已改為紅色塗色，在肥薩線等路線服務。

kiha47形

行駛鹿兒島中央到終點枕崎區間的車輛。油菜花色的kiha200系則行駛到指宿、山川。

Yui Rail　那霸機場┅┅首里

2003年在沖繩通車的單軌電車，正式名稱為沖繩都市單軌電車。

1000形

2輛編組行駛。共有14個編組28輛。

第7章

東北

本章按照路線，介紹行駛東北
地方山區和海岸的JR與私鐵列
車。

東北新幹線 東京…新青森

東京駛往北方的新幹線。2016年3月起，和北海道新幹線直通行駛到新函館北斗。

隼號 新幹線 E5系 行駛東北、北海道新幹線，最高時速為320公里，是日本最快的列車。

山彥號 新幹線 E2系 行駛東北新幹線的東京～仙台、盛岡之間，到中途的福島之間，部分列車會連結山形新幹線的「翼號」。

East i 新幹線 E926系 行駛中檢查軌道、信號與電氣設備，是新幹線的醫生。

新幹線 200系

1982年和東北新幹線通車同時登場的車輛，2013年退役。

●JR東日本

山形新幹線　東京…山形…新庄

東京到山形地區的迷你新幹線。福島到新庄的區間，其實是奧羽本線的一部份，但因為東京～福島之間是行駛東北新幹線，因而有此名稱。

●JR東日本

翼號　新幹線 E3系

日本最早出現的迷你新幹線。為了配合在來線的隧道與月台寬度，車身較窄。

翼號的連結畫面。山形、新庄出發的「翼號」到達福島，打開連結器（左）。和先抵達的仙台出發「山彥號」連結（右）。

Toreiyu Tsubasa號　新幹線 E3系

設有「足湯」的新幹線，運行山形新幹線的福島～新庄區間。

●JR東日本

秋田新幹線　東京…盛岡、秋田

正式說法是盛岡～秋田之間的迷你新幹線，但有時候指的是東京～秋田之間路線。

小町號　新幹線 E6系

直通運行東北、秋田新幹線。東北新幹線區間最高時速可達320公里。

新幹線 E3系

1997年秋田新幹線通車時登場的車輛。隨著E6系的登場，已由秋田新幹線退役。

東北本線 黑磯…盛岡

東京～盛岡的路線。本章介紹栃木縣行駛黑磯以北的東北地區車輛。

Zipangu

運行一之關～盛岡的觀光列車，也會行駛仙台～平泉之間。前頭車輛過去曾是和式座位電車。

HB-E210系

2015年5月，東北本線的仙台和仙石線的石卷之間的仙石東北線通車，行駛這條線的混合動力車輛。

津輕號 東北新幹線通車到新青森的2010年12月之前，行駛八戶～弘前區間。

719系

行駛仙台地區的交流電車。照片在櫻花的著名景點東北本線大河原附近拍攝。

白鳥號 2016年3月，因北海道新幹線通車而退役，原本行駛新青森～函館區間。

701系

東北地區的代表性長椅型交流電車。仙台地區有4輛編組和2輛編組的車輛行駛。

超級白鳥號 因北海道新幹線通車而退役。車輛是JR北海道的789系。

E721系 在仙台地區的東北本線、仙山線、常磐線運行。

E721系 行駛仙台～仙台機場間的E721系，使用的是專用的500番台。

SAT721系（仙台機場鐵道）

仙台機場鐵道的車輛，行駛仙台～仙台機場區間。

EH500形

JR貨物的交直流電力機車頭，行駛東京地區到青森（青森信號場）。北海道新幹線通車之前，曾行駛到函館附近的五稜郭。

ED75形

EH500形登場前是東北地區的代表性交流電力機車頭。

D51形

蒸氣機車頭一直行駛到東北本線電氣化完成之前，照片中是當時頗受歡迎，行駛於奧中山的三重連（3輛機車頭牽引行駛）。

白鶴號

過去由上野行駛到青森的寢台特急電車。

雲雀號

曾行駛上野到仙台的特急列車。

ED71形

曾行駛黑磯到仙台地區。

磐越西線 郡山…新津

連結福島縣和新潟縣。郡山到喜多方之間是電氣化區間，喜多方之後則為非電化區間。

SL磐越物語號

行駛新潟與會津若松之間的蒸氣火車，是日本蒸氣火車中行駛距離最長的。客車（下照片）是連結展望車的7輛編組。

FruiTea福島號 2015年在磐越西線登場的觀光列車，也會連結定期列車行駛。車內可以享用到使用沿線食材做的甜點。

風子號 用來觀光的柴油小火車。配合各個季節運行東北各地。

kiha40形 行駛只見線和磐越西線的會津若松～新津區間。

kiha47形 與kiha40形一起行駛磐越西線的會津若松～新津區間。

719系 行駛磐越西線的郡山～會津若松、喜多方區間。後方的山是磐梯山。

kihaE120系 使用在新潟～會津若松區間的快速「阿賀野號」。

會津Liner 行駛郡山和會津若松、喜多方的快速列車，部分車廂是指定座。

會津號　過去行駛上野～會津若松的特急列車。

ED77形　過去主要行駛磐越西線的交流電力機車頭。

kiha110系

磐越西線上，只行駛新津～會津若松的區間。

●JR東日本

只見線　會津若松…小出

從會津若松行經多雪的只見等地，駛往上越線小出的路線。

風子號

觀光小火車「風子號」，在新綠極美的初夏時分，以「只見線新綠號」名稱運行。

DD16形　過去牽引過貨物列車。

kiha17形等　1970年代初期的照片。

kiha40形　只見線的代表性車輛。另有kiha48型行駛。

●JR東日本

仙山線　仙台…羽前千歲…山形

仙台與山形之間的路線。行經作並、山寺等地。

719系　活躍於仙台地區的交流電車，過去曾是仙山線的主力車輛。

455系　曾經使用在快速「仙山號」的急行用車輛。

E721系　仙台地區的交流電車。在仙山線上，最長以6輛編組行駛快速、普通列車。

仙石線　青葉通…仙台… 石卷

仙台市中心區行駛地下，經過本鹽釜、松島海岸到達石卷的路線。

205系
接收自東京的車輛，以4輛編組行駛。

kumoha73形
曾活躍在仙石線上的舊型國電。

205系 也會行駛彩繪有漫畫吉祥物的「Mangattan Liner」。

石卷線　小牛田…女川

東北本線的小牛田經過石卷，行駛到牡鹿半島女川的路線。

kiha110形
石卷線的主力形式。右側照片的kiha110形是單輛，而左側照片則是kiha111形＋kiha112形的2輛編組。

kiha40形 曾與kiha48型一起行駛過。照片右方海景是萬石浦。

左澤線　山形…北山形…左澤

行駛山形縣代表性櫻桃產地寒河江等地的路線。

kiha101形 日本全國只在這裡行駛的車輛，座位是長條型的。

米坂線　米澤…坂町

由奧羽本線的米澤穿過荒川峽谷，到達和日本海旁羽越本線會合的坂町。

kihaE120形 和kiha110系一起行駛米坂線的車輛。

●JR東日本

釜石線、山田線

花卷…釜石、盛岡…宮古…釜石

釜石線是由東北本線的花卷，經過東北新幹線的新花卷、遠野等站，到達太平洋岸釜石的路線。山田由盛岡經過宮古再到釜石。

Kenji號 使用在觀光列車的車輛。是kiha28形、kiha58形改造而成。

kiha100形 主要行駛釜石線的柴油車。

SL銀河號 2014年在釜石線的花卷～釜石之間登場的蒸氣火車。連結的是柴油車，在坡度陡的地方可以幫忙推動。

●JR東日本

陸羽東線

小牛田…新庄

●JR東日本

陸羽西線

新庄…余目

由小牛田穿過奧羽山脈，行駛到日本海的余目。

kiha110系

「奧之細道」色的車輛，使用在陸羽東線與陸羽西線上。車窗下有紅色帶的是kiha111與kiha112形。

kiha110系

kiha110系的kiha110形車窗下是黃色帶。

Resort實號

行駛仙台與新庄間的觀光列車。由小牛田進入陸羽東線，會穿過鳴子峽。

C58形

蒸氣機車頭時代，C58形牽引過客車。

奥羽本線　福島…青森

福島穿過奧羽山脈，行駛到日本海
側的秋田，再延伸到青森的路線。

津輕號

行駛秋田～青森區間的特急。在新青
森轉乘東北新幹線。

701系

行駛新庄～秋田～
青森的電車。

701系 5500番台
在寬軌距的福島～新庄之間行駛普通列車，
2輛編組。

719系　行駛寬軌距的福島～新庄之間。

翼號

奧羽本線的福
島～新庄，是和
山形新幹線的共
用區間，由「翼
號」直通運行。
區間的軌距是和
新幹線相同的
1435mm。

氈鹿號

曾行駛秋田～青森，列車名稱後來已由「津輕號」取代。

曙號

上野到青森的寢台列車。行駛奧羽本線的秋田～青森區間。

東北夏祭號

大阪行駛到青森的臨時列車。車輛是JR西日本的583系。

白鳥號

「白鳥」過去也行駛大阪～青森之間。

稻穗號

國鐵時代的車體顏色。

●JR東日本

男鹿線　追分…男鹿

由奧羽本線的追分開始分支，行駛到男鹿半島的男鹿。照片是架在八郎潟的鐵橋。

kiha48形

照片中的綠色帶柴油車，是行駛在男鹿線上的kiha48形。和kiha40形一起服役。

●JR東日本

田澤湖線　盛岡…大曲

由盛岡穿越奧羽山脈，行駛到奧羽本線的大曲。

701系 5000番台　能夠單人駕駛的通勤車。

田澤號

行駛到「小町號」登場之前的特急列車。

小町號　田澤湖線和秋田新幹線共用軌道，東京到秋田的「小町號」，在盛岡到大曲之間行駛這條路線。

羽越本線 新津…秋田

沿著日本海，由新潟的新津行駛到和秋田新幹線、奧羽本線交會的秋田。

稻穗號 行駛新潟～酒田、秋田，羽越本線部分則行駛新發田～秋田區間。車輛是E653系。

E129系

在新潟地區登場的新型直流電車，由新潟行駛到村上。照片是2輛編組，另有4輛編組的車輛。

kiha110系 地方支線用的柴油車，羽越本線上行駛新津到酒田。此外還有kiha40形、48形在運用。

EF510形 JR貨物的機車頭，由關西地區行駛日本海沿岸到青森。

白雪號

過去行駛金澤到青森的急行柴油車。

稻穗號

在E653系登場之前，行駛新潟到秋田再行駛到青森。車輛是485系。

●JR東日本
五能線　東能代…川部

由秋田縣東能代，經過冬季嚴寒日本海岸的鰺澤、五所川原等站，行駛到青森縣川部的路線。

Resort白神號

經過可以觀賞日本海風光的五能線，行駛秋田～弘前、青森之間的觀光列車。由不同塗色的3兄弟（3編組）營運，各自的暱稱是「青池」（上）、「熊啄木鳥」（左）、「橅」（右）。

kiha48形

有「五能線色」之稱的五能線專用塗色車輛。

三陸鐵道 盛⊢⊣釜石、宮古⊢⊣久慈

行駛太平洋沿岸三陸地區的第三型態鐵道。有南谷灣線（盛～釜石）與北谷灣線（宮古～久慈）二條路線。

36-700形

日本311大地震後新加入的最新型車輛。南谷灣線和北谷灣線各擁有3輛。

36形

三陸鐵道的代表性車輛。形式號碼「36」還可以唸成「三陸」的音。

36-R 形

復古風的觀光用車輛。車輛名稱是「三陸潮騷」。

36-Z 形

座墊式的觀光用車輛。車輛名稱是「三陸濱風」。

●JR東日本

八戶線　八戶…久慈

由八戶沿著太平洋南下的路線。

東北EMOTION號

可以享用到沿線食材料理的觀光列車。像是照片中的感覺般，車窗外就是太平洋的風光。運行日期不會刊載在時刻表上。

Resort海貓號

八戶線的觀光列車，平常時間作為普通列車行駛。

kiha40形　有「盛岡色」之稱的塗色。八戶線普通車的主角。

●JR東日本

大湊線　野邊地…大湊

由野邊地沿著陸奧灣行駛下北半島的路線。

快速 下北號

由八戶、青森行駛青之森鐵道，經野邊地直通大湊線的快速列車。照片是kiha100形。

Resort羅漢柏號

行駛青森地區的觀光列車。新青森～大湊區間則由「Resort羅漢柏下北號」運行。

kiha40形　kiha100之前的大湊線代表性車輛。

閃亮陸奧號　主要在夏季行駛的觀光列車。

會津鐵道　西若松↔會津高原尾瀬口

福島縣的第三型態鐵道。西若松～會津田島之間是非電氣化區間，會津田島之後是電氣化區間，也有直通列車行駛到東武線淺草。

會津浪漫號小火車

行駛會津若松～會津田島之間的小火車。右上照片的中央車輛，是2010年翻修的觀光小火車，右下照片則是瞭望車。

AIZU MOUNT EXPRESS

會津鐵道的快速列車，部分運行日會延駛到JR磐越西線的喜多方。車輛是AT-700形。

AT-600形

行駛「AIZU MOUNT EXPRESS」的車輛。

AT-500·550形

行駛會津若松～會津田島之間的柴油車。

AT-150形

1987年會津鐵道誕生時登場的車輛。

kiha8500形

來自名古屋鐵道，過去也曾行駛「AIZU MOUNT EXPRESS」的車輛。

福島交通　福島↔飯坂溫泉

福島駛往飯坂溫泉的私鐵。

7000系

原本是東急的7000系，有2輛或3輛的編組。照片右方是阿武隈急行的車輛。

仙台市地下鐵 南北線 | 富澤⇢泉中央

主要以南北向行駛仙台市區的地下鐵。

1000系

單人駕駛的地下鐵,列車上不配置車掌。

仙台市地下鐵 東西線 | 八木山動物公園⇢荒井

東西向行駛仙台市的地下鐵,2015年通車。

2000系

2015年12月,東西線通車同時登場的車輛。八木山動物公園是位於地下鐵最高處的車站。

阿武隈急行 | 福島～槻木

由福島沿著阿武隈川駛往仙台方向的第三型態鐵道。

8100系 交流電車活躍在這條線上,也有行駛到仙台的列車。

A417系 承接曾活躍在仙台地區的JR東日本417系車輛。在阿武隈急行線內的運用也已經結束。

秋田內陸縱貫鐵道 | 角館⇢鷹巢

由JR田澤湖線的角館,穿越秋田山區到JR奧羽本線鷹巢的路線。

AN-8800形

秋田內陸縱貫鐵道的代表性柴油車,1988年登場。

AN-8900形 急行列車「森吉號」使用的車輛,現在只在活動時使用。

AN-2000形

2000年時登場的車輛,主要使用在活動列車和團體列車上。

津輕線　青森…三厩

青森沿著陸奧灣前往蟹田、三厩的路線。在中途的中小國之前，由JR貨物的EH800形牽引貨物列車行駛。

701系 秋田地區用的701系，由青森行駛到蟹田。

EH800形 JR貨物的電力機車頭。具備行駛與在來線不同電壓的青函隧道的功能。

超級白鳥號 新青森～函館之間的特急，行駛到2016年3月為止。

kiha40形 由青森駛往日本本州最北端的車站三厩。

ED79形 JR貨物的機車頭，青森～五稜郭之間牽引貨物列車。

花輪線　好摩…大館

穿越過奧羽山脈，經過安比高原、鹿角花輪等站的路線。直接駛入IGR岩手銀河鐵道到盛岡。

Kiha110系

花輪線的車輛都是使用這款kiha110系。

IGR岩手銀河鐵道 盛岡⊢⊣目時

2002年承接岩手縣內東北本線盛岡～目時之間路段的第三型態鐵道。

7000系

部分7000系是接收自JR東日本的701系車輛。

山形鐵道 Flower長井線 赤湯⊢⊣荒砥

由JR奧羽本線的赤湯分出，經由米坂線的今泉到達荒砥的第三型態鐵道。

YR-880形

1988年承接了JR長井線之後就一直使用至今的車輛。各車輛都會以山形縣花「紅花」等沿線花卉來命名。

青之森鐵道 目時⊢⊣青森

承接東北本線目時～青森間的路線。盛岡～八戶之間與IGR岩手銀河鐵道的車輛共同行駛。

青之森703系

青之森鐵道的最新型車輛，共有2編組4輛。外觀形式是以JR東日本的E721系為基本打造。

青之森701系

擁有9編組18輛。其中的8個編組原是JR東日本的701系。

EH500形

JR貨物的機車頭。由東京方面行經IGR岩手銀河鐵道、青之森鐵道後到達青森信號場。

由利高原鐵道 鳥海山麓線 羽後本莊⊢⊣矢島

南北向縱貫秋田縣由利本莊市的第三型態鐵道。

YR-3000形

2012年登場的由利高原鐵道最新型車輛，共擁有3輛。照片在矢島的車輛基地拍攝。

YR-2000形

2000年登場，做成彩繪車輛運行。

YR-1500形

1985年，承接國鐵矢島線時登場的車輛。

弘南鐵道 弘前⇌黑石等

行駛青森縣弘前地區的私鐵。有弘南線（弘前～黑石）與大鰐線（大鰐～中央弘前）。

7000系
這款也是7000系，行駛弘南線。二者都是2輛編組。

6000系
大鰐線上也有原本東急的6000系運行。

7000系
行駛在有「津輕富士」之稱的岩木山背景中的大鰐線7000系。原本是東急的7000系。

ED22形
弘南鐵道也擁有機車頭，主要的任務是工程和除雪作業。ED22形在大鰐線，ED33形則配屬弘南線。

除雪車
積雪多時使用的除雪車。這種車輛過去在多雪地區有很多。左為弘南線、下為大鰐線的除雪車。

津輕鐵道 津輕五所川原⇌津輕中里

津輕半島向北延伸的路線。

津輕21形
津輕鐵道的主角，是輕便型的柴油車。

暖爐列車
形成「津輕冬季」風情畫的列車，車內放置有暖爐。

第8章

北海道

按照路線介紹行駛在北海道雄偉景色中的JR與私鐵列車。

北海道新幹線

新青森…新函館北斗

北海道新幹線在2016年3月26日，新青森～新函館北斗之間通車，新幹線的軌道終於延伸進北海道。剩下的新函館北斗～札幌區間的工程也在進行中。

新幹線 H5系

在北海道新幹線通車同時開始營運的JR北海道車輛。東京～新函館北斗之間可以直通行駛。照片是通車當天的東京車站。

道南漁火鐵道

木古内 ⌇⌇ 五稜郭

隨著北海道新幹線的通車，承接之前JR江差線營運的第三型態鐵道。

kiha40形

道南漁火鐵道的車輛，是由JR北海道承接的kiha40形。右上的照片是原本的塗裝，右下則是新塗裝。左為觀光列車，名為「NAGAMARE號」。

EH800形

JR貨物的機車頭，可以行駛青函隧道。

超級白鳥號

在北海道新幹線通車前，行駛新青森～函館之間的特急。

EH500形

北海道新幹線通車前，牽引貨物列車的JR貨物機車頭。

函館本線 函館…長萬部…札幌…旭川

由函館經過小樽、札幌，駛往旭川的北海道大動脈。函館～新函館北斗區間和小樽～旭川之間已經電氣化。

超級北斗號 行駛函館到札幌的特急列車，在新函館北斗站可以轉乘新幹線。
照片的車輛是kiha261系。

超級北斗號 超級北斗號使用的列車多為kiha281系。

Kamui號

照片中的789系，是2007年10月登場行駛札幌～旭川。2017年3月起以「Kamui號」名稱運行。

超級Kamui號

原為行駛札幌～旭川間的特急，但2017年3月的改點時，名稱已變更為「Kamui號」。照片中的785系也在此時退役。

鄂霍次克號 札幌到網走的特急列車，旭川之前行駛函館本線。車輛是kiha183系。

北斗號 函館到札幌的特急列車，行經室蘭本線與千歲線。車輛是kiha183系。

石狩號 北海道最早的特急電車。車輛是781系。

紫丁香號 「石狩號」之後登場的車輛。照片中是登場當時的車體顏色。車輛是781系。

旭山動物園號 札幌行駛到旭山動物園所在旭川市的臨時特急車輛。kiha183系的車輛，各車都有動物的彩繪。也會使用在「富良野薰衣草特急」上。

SL新雪谷號 札幌經小樽行駛函館本線到蘭越的蒸氣火車。小樽～蘭越之間，由照片中的C11形牽引客車行駛。

仙后座號 2016年3月之前，行駛上野到札幌的豪華寢台列車。

kiha150形

行駛名為「山線」的函館本線長萬部～小樽區間。部分列車直通運行到札幌。照片後方的山是羊蹄山。

721系
JR北海道誕生後最早登場的電車。有3輛和6輛的編組。

731系
1996年登場，是JR北海道最早的全車長椅式車輛。

733系

照片左方是733系，行駛札幌區域的函館本線小樽～瀧川區間和千歲線的車輛。座位是長條式。

kiha201系

可以和731系連結行駛的柴油車，車內設備和731系相同。

函館Liner

和北海道新幹線通車同時，開始行駛函館～新函館北斗區間的列車。

735系

JR北海道的第一款鋁製車輛。只有2個編組6輛。

711系

北海道最早出現的近郊型電車，2015年退役。

kiha40形

行駛函館本線的函館～長萬部～小樽區間。部分列車也行駛札幌～旭川之間。

室蘭本線　長萬部…苫小牧…岩見澤等

由長萬部沿著噴火灣，經過東室蘭、苫小牧等地駛往岩見澤的路線。

超級北斗號　行駛函館～札幌。長萬部～苫小牧之間是室蘭本線。照片中是kiha281系。

北斗號

和「超級北斗號」營運區間相同，使用kiha183系。商務車是高層車廂。

鈴蘭號　行駛室蘭～札幌。照片是785系，另有789系行駛。

北斗星號

行駛上野與札幌之間的寢台特急，2015年退役。

日暮特快

2015年3月之前，行駛大阪到札幌，是日本行駛距離最長的列車。

kiha150形 主要行駛於室蘭本線的長萬部到東室蘭之間。

731系 札幌經千歲線駛到苫小牧。

kiha40形

行駛長萬部到岩見澤。是這條路線的代表性支線用柴油車。

DF200形

JR貨物的柴油機車頭,只在北海道內行駛。

kiha143形 kiha143形是由50系51形客車改造而成的柴油車。主要行駛室蘭到苫小牧。1天會有1班行駛到拍攝本張照片的札幌。

● JR北海道

日高本線 苫小牧…樣似

苫小牧駛往襟裳岬方向的海岸線到樣似。

kiha40形

取代kiha130形登場。藍與粉紅的車體顏色是其特徵。

●JR北海道

千歲線 札幌…南千歲…苫小牧

由札幌經過南千歲等地，行駛到太平洋岸苫小牧的路線名稱。正式的路線區間是中途的白石～沼之端。

超級十勝號 札幌駛往帶廣的特急，到南千歲之前行駛千歲線再進入石勝線。

快速「Airport」 行駛小樽、札幌到新千歲機場區間，照片是721系。

鈴蘭號 行駛札幌與室蘭之間，照片是789系，2016年3月之前也用快速「Airport」上。

快速「Airport」 加入快速「Airport」行列的733系3000番台。6輛編組，除了u座位（快速「Airport」設定的普通指定座）之外都是長椅式座位。

快速「Airport」 旭川直達新千歲機場的列車行駛到2016年3月。

721系 也用在快速「Airport」上，是JR北海道中數量最多的車系。

735系 千歲線上，行駛札幌地區的除了照片中的735系之外，還有731系、733系、721系。

DF200形 JR貨物的柴油機車頭，主要行駛札幌貨物總站到五稜郭等地。

水晶特急 使用為札幌駛往度假區富良野和TOMAMU等地的觀光列車。

新雪谷特急 1988年登場的度假區車輛。照片是冬天營運，由新千歲機場、札幌～新雪谷的「新雪谷特急」。

DD51形 照片中是JR貨物的機車頭，在DF200形登場前的北海道主力機車頭。

大鳥號 曾由函館經札幌，行駛到網走的特急列車。

kiha17形 在千歲線電氣化之前使用的柴油車。

●JR北海道

札沼線 札幌⋯桑園⋯新十津川

正式區間是札幌～新十津川。由札幌駛往郊區衛星都市的北海道醫療大學，2012年6月時電氣化工程完成，車輛全面換新。

731系 座位是長椅式的車輛，札幌地區普通列車的主力。

721系 座位是雙人轉換式的車輛。行駛札幌～北海道醫療大學區間。

733系 2012年登場的車輛。車身和731系相同，都是不鏽鋼打造的。

kiha40形 行駛石狩當別～新十津川區間。電氣化區間則回送運行到車庫所在的苗穗。

kiha141形 電氣化之前的札幌線代表性車輛，是將ohafu51形客車改造而成。

石勝線　南千歲…新夕張…夕張、新得

由札幌前往帶廣、釧路方向的捷徑路線。中途的新夕張有分出往夕張的支線。

超級大空號

札幌到釧路的特急，由新得進入根室本線，車輛是kiha283系。

根室本線　瀧川…新得…釧路…根室

駛往北海道東部，是北海道最長的路線。

超級十勝號

行駛札幌與帶廣之間，石勝線上的新得之後駛入根室本線，一路行駛到帶廣。照片是新設計的kiha261系，拍攝於札幌站。

kiha40形

根室本線行駛普通列車的柴油車。

大空號

國鐵時代是使用kiha183系行駛。

超級大空號　照片是運用主動式傾斜裝置通過彎道的景象。

●JR北海道

富良野線 旭川…富良野

由旭川駛往有美麗山丘的美瑛,以及在薰衣草田風景中駛往富良野的路線。

kiha150形 行駛富良野線的kiha150形車體色帶是薰衣草色。

富良野、美瑛觀光小火車 是富良野線最受歡迎、主要行駛美瑛到富良野區間的觀光小火車。

●JR北海道

釧網本線 釧路…東釧路…網走

可觀賞到釧路濕原,以及以流冰聞名的鄂霍次克海風光的路線。正式區間是東釧路～網走,但列車由釧路直通運行。

釧路濕原觀光小火車

行駛釧路到塘路,可以好好欣賞到釧路濕原美景的觀光列車。客車是由50形改造而成的510系。

kiha54形 釧網本線普通列車用的車輛。

宗谷號 行駛札幌與稚內之間的宗谷本線特急列車。
2017年3月時，列車名稱由「超級宗谷號」改為「宗谷號」。車輛是kiha261系。

kiha54形 和kiha40形一起營運。會駛到稚內的是kiha54形。

Sarobetsu號 行駛旭川和稚內區間，照片中的kiha183系已在2017年退役，現在由kiha261系運行。

kiha22形 曾作為普通列車使用的柴油車。

kiha56形、kiha27形 曾行駛急行列車「宗谷號」等列車。

kiha06形 1995年廢線的深名線車輛。曾行駛到名寄。

●JR北海道

石北本線 旭川…新旭川…網走

新旭川經過遠輕、北見，到達鄂霍次克海岸網走的路線。列車由旭川直通運行。

鄂霍次克號 札幌～網走的特急列車。車輛是kiha183系，照片中是在常紋隘口路段拍攝。

大鳥號

石北本線最早的特急列車。

kiha400形

只使用在團體包車等包租用的列車，車廂內是榻榻米的形態。

kiha40形 石北本線的普通列車也使用這kiha40形，旭川到網走沒有直通的普通列車。

●JR北海道

留萌本線 深川…留萌…增毛

函館本線的深川駛往日本海的路線。留萌～增毛區間在2016年12月廢線。

kiha54形

行駛留萌本線的柴油車，打造成北海道專用的規格。以1輛或2輛編組行駛。

丸瀨布森林公園遊憩之森

雨宮21號 行駛位於石北本線的丸瀨布附近、丸瀨布森林公園遊憩之森內的蒸氣機車頭。過去曾活躍在森林鐵道裡。

kiha03形

過去有「Rail Bus（軌道巴士）」之稱的車輛。

2015年12月時，西4丁目～薄野之間通車，
開始了環狀運行。

A1200形 2013年登場的札幌市電最新型車的低底盤車輛。
有「北極星」的暱稱。

8510形 1987年登場。和8500形、8520形都
配備有當時的最先進設備，也各打造
了2輛。

8520形

1988年配備，擁有當時最先進的設備，
外觀近似8510形。

8500形 札幌市電中最早配有VVVF變頻控制系統的車輛。

3300形 使用退役車輛的零件,於1998年登場。

250形 1961年登場。

240形 1960年登場。

220形 在札幌市電全盛時期的1959年登場,一直運用至今。

210形 1958年登場。

M100形

1961年登場時是連結運行,有「親子電車」之稱。

雪10形 除雪用的車輛。

雪形 有著「SASARA電車」暱稱的著名除雪用電車。

330形

部分零件使用在3300型上的車輛。

札幌市地下鐵　麻生⟷真駒內　榮町⟷福住等

札幌市地下鐵，有南北線（麻生～真駒內）、東西線（宮之澤～新札幌），以及東豐線（榮町～福住）等3條路線。

9000形

2015年登場的東豐線用車輛。適用月台門和單人運行。

5000形 南北線的主力車輛。南北線是第三軌供電的方式。

8000形 東西線的主力車輛。2009年開始單人運行。

7000形

曾是東豐線的主力車輛。

2000形

札幌市地下鐵通車同時登場的車輛。

函館市電 函館DOCK前、谷地頭╫╫湯之川

由函館山麓穿越函館市區，駛往湯之川溫泉的
路面電車。

30形 用在「箱館HAIKARA號」上，是開放式的單節車輛。

9600形 2007年3月開始營運的超低底盤電車「らっくる號」。

8100形 2002年登場的車輛，部分是低底盤車

8000形 800形翻修後的車輛。1990年登場。

3000形 函館市電最早安裝冷氣設備的車輛。1993年登場。

2000形 最早配備VVVF變頻控制系統的車輛。1993年登場。

800形 1962年登場。

710形 1959年登場。

1000形 原本是都電的7000形。

500形 函館市電全盛時期的代表性車輛，1948年登場。

目次

以頁數方式，標示出本書列舉的路線和車輛名稱，鐵路公司和機構名稱以簡稱標示。
已經退役的車輛，則將車輛名稱以橘色標示區分（本文內則將照片以黃色框起）。

第1章　新幹線與特急

● 新幹線 N700A ················6
● 新幹線 800系・N700系 ················8
● 新幹線 E7系・W7系 ················9
● 新幹線 E6系・E5系 ················10
● 新幹線 E4系・E3系 ················11
● 新幹線 H5系 ················12
● 超景踊子號・Sunrise出雲號 ················14
● 成田特快・白雪號 ················15
● Wideview飛驒號・Wideview信濃號 ················16
● 白鷺號・Thunderbird ················17
● HARUKA・黑潮號 ················18
● 音速號・海鷗號 ················19
● 潮風號・南風號 ················20
● 超級大空號・超級Kamui號 ················21
● 超級北斗號・七星in九州 ················22

第2章　首都圈

● 東海道・山陽新幹線 ················24
　新幹線 N700A・新幹線 N700・新幹線 700
　系・Doctor Yellow・新幹線 0系
● 東海道本線 ················25
　E233系・215系・E231系・Sunrise瀨戶・
　出雲・超景踊子號・阿爾法假區21（伊豆急行）・
　185系・伊豆 CRAILE號・EF210形・M250
　系・211系・東海號・隼號／富士號・天城號・
　天城號・159系・EF58形
● 京濱東北線・根岸線 ················27
　E233系・72系・101系・103系・209系
● 橫濱線 ················27
　E233系・205系・103系
● 山手線 ················28
　E235系・E231系・205系・103系・
　kumoni13形
● 埼京線・川越線 ················29
　E233系・70-000系（臨海線）・205系・
　205系3000番台・kiha35形
● 橫須賀線・總武本線 ················30
　E217系・成田特快・潮騷號
　253系・水鄉號・水鄉號・113系
● 中央線・總武線普通車 ················31
　E231系・209系・101系
● 京葉線 ················32
　E233系・205系・若潮號・103系・103系・
　若潮號・205系
● 外房線・內房線 ················33
　漣號・新菜花號・209系・若潮號
● 久留里線 ················33
　kihaE130形・kiha38形・kiha30形
● 南武線・鶴見線 ················34
　E233系・209系・205系・205系・205系

101系・kumoha12形
● 相模線 ················35
　205系・柴油車・DD13形
● 中央本線 ················36
　E233系・HD300形・211系・EH200形
　101系・201系・115系・EF64形
　E353系・超級梓號・梓號
　梓號・梓號・kumoyuni82形
● 青梅線・五日市線 ················38
　E233系・E233系・觀光電車「四季彩」
● 武藏野線 ················39
　209系・205系・EF65形・EF210形
● 八高線 ················39
　209系・205系・kiha110系・kiha20形
　201系・DD51形
● 高崎線・上越線 ················40
　E231系・107系・EH200形・115系
　Resort山鳥號・草津號・EF64形・C61形・
　D51形・草津號・赤城號・山並號・EF15形・
　EF63形・EF55形
● 東北本線（宇都宮線） ················42
　E231系・205系・SPACIA（東武）・EH500
　形・早安栃木號・北斗星號・EF510形/EF81
　形・kumoya145形・曙號
● 上野東京線 ················43
　E233系・E531系・常陸號
● 常磐線 ················44
　E531系・E233系・209系・E501系・
　E231系・常陸號・E655系・16000系（東京
　地下鐵）・4000形（小田急）・Fresh常陸號・
　401系・415系・常陸號・夕鶴號
● 水郡線 ················46
　kiha130系
● 兩毛線 ················46
　211系・107系
● 水戶線 ················46
　E531系・415系
● 日光線 ················47
　205系・107系
● 烏山線 ················47
　EV-E301系・kiha40形
● 埼玉新都市交通 ················47
　2020系・2000系・1000系
● 小田急 小田原線・江之島線等 ················48
　VSE 50000形・MSE 60000形・MSE
　60000形・EXE 30000形・LSE 7000形・
　HiSE 10000形・朝霧號 20000形・朝霧號
　371系（JR東海）・箱根號 NSE・朝霧號SSE・
　1000形・2000形・3000形・4000形・
　8000形・E233系（JR東日本）・16000系
　（東京地下鐵）・6000系（東京地下鐵）・5000形・
　9000形・2400形・deni1300形
● 東急 東橫線 ················54
　5000系・5000系 Hikarie・6000系（西

武）・50070系（東武）・10000系（東京地下鐵）・
8000系・1000系・7000系
● 東急 目黑線 ················55
　5000系5080番台・3000系・5000系
● 東急 池上線 ················55
　1000系・7700系・7000系・1000系・
　3450系
● 東急 田園都市線 ················56
　5000系・8000系・2000系・5200系
● 東急 大井町線 ················56
　9000系・8000系・6000系・7700系
● 東急 世田谷線 ················57
　300系・80系
● 橫濱高速 兒童王國線・港未來線 ················57
　Y001系・Y500系
● 京急 京急本線等 ················58
　1000形・600形・2100形・1000形・
　1000形1800番台・機場快特・800形・
　1500形・2000形・deto・1000形・600形・
　500形
● 京王 京王線等 ················60
　8000系・7000系・9000系・5000系・
　6000系
● 京王 井之頭線 ················61
　1000系・3000系・1900系
● 西武 池袋線・新宿線等 ················62
　30000系・10000系・2000系・4000系・
　4000系・9000系・20000系・101系・
　6000系・301系・E31形・501系・701
　系・5000系
● 東武 伊勢崎線・東上線 ················64
　SPACIA・6050系・6050系（野岩鐵道）・
　6050系・634型・350系・250系・300
　系・SPACIA（鬼怒川號）・253系（JR東日本）・
　1800系・兩毛號・華嚴號・50050系・
　30000系・20070系・20050系・20000
　系・10080系・5000系（東急）・03系（東京
　地下鐵）・08系（東京地下鐵）・5050系
　50000系・50090系・TJ Liner・10000
　系・10030系・800系・9000系・9050系・
　8000系・8000系・10030系・60000系・
　8000系・2000系・7800系・ED5060形
● 京成 京成本線・押上線等 ················70
　Skyliner・3050形・3000形・3700形・
　3400形・3500形・3600形・1500形
　（京急）・Skyliner・Skyliner・Skyliner・
　3150形・3200形・3300形
● 北總鐵道 ················72
　7500形・9200形・9000形・7300形・
　7000形・9100形
● 成田夢牧場 ················73
● 新京成 ················73
　N800形・8900形・8800形・8000形・
　100形

●東京地下鐵 銀座線⋯⋯⋯⋯⋯74
1000系・01系・2000形

●東京地下鐵 丸之內線⋯⋯⋯⋯74
02系・500形

●東京地下鐵 日比谷線⋯⋯⋯⋯74
03系・20050系（東武）

●東京地下鐵 東西線⋯⋯⋯⋯⋯75
05系・05系・15000系・2000系（東葉高速）・
E231系 800番台（JR東日本）・5000系・
301系（國鐵）

●東京地下鐵 千代田線⋯⋯⋯⋯76
16000系・6000系・05系・06系
E233系（JR東日本）・4000形（小田急）

●東京地下鐵 有樂町線⋯⋯⋯⋯77
10000系・6000系（西武）・50070系（東武）・
7000系

●東京地下鐵 半藏門線⋯⋯⋯⋯77
08系・8000系（東急）・50050系（東武）

●東京地下鐵 南北線⋯⋯⋯⋯⋯77
9000系

●東京地下鐵 副都心線⋯⋯⋯⋯78
10000系・50070系（東武）・6000系（西武）・
5000系（東急）

●都營地下鐵 大江戸線⋯⋯⋯⋯78
12-600形・12-000形

●都營地下鐵 淺草線⋯⋯⋯⋯⋯79
5300形・9100形（北總）・3000形（京成）・
600形（京急）・5000系・5200系

●都營地下鐵 三田線⋯⋯⋯⋯⋯80
6300形・3000系（東急）

●都營地下鐵 新宿線⋯⋯⋯⋯⋯80
10-400形・10-000形・10-300形・9000
系（京王）

●都電 荒川線⋯⋯⋯⋯⋯⋯⋯⋯81
8800形・8900形・9000形・7000形・
7700形・8500形・7500形・7500形・
7000形・6000形

●筑波快線⋯⋯⋯⋯⋯⋯⋯⋯⋯82
TX-2000系・TX-1000系

●日暮里・舍人線⋯⋯⋯⋯⋯⋯82
330形・300形

●埼玉高速⋯⋯⋯⋯⋯⋯⋯⋯⋯82
2000系

●橫濱市地下鐵 藍線⋯⋯⋯⋯⋯83
3000形・1000形・2000形

●橫濱市地下鐵 綠線⋯⋯⋯⋯⋯83
10000形

●東京單軌電車⋯⋯⋯⋯⋯⋯⋯84
10000形・2000形・1000形

●上野動物園單軌電車⋯⋯⋯⋯84
40形

●多摩都市單軌電車⋯⋯⋯⋯⋯85
1000系

●千葉都市單軌電車⋯⋯⋯⋯⋯85
0形・1000形

●百合海鷗號⋯⋯⋯⋯⋯⋯⋯⋯85
7300系・7000系・7200系

●臨海線⋯⋯⋯⋯⋯⋯⋯⋯⋯⋯85
70-000形

●相鐵 相鐵本線・泉野線⋯⋯⋯⋯86
10000系・9000系・9000系・11000系・
8000系・新7000系・6000系・5000系

●湘南單軌電車⋯⋯⋯⋯⋯⋯⋯87
5000系・500系

●橫濱沿海單軌電車線⋯⋯⋯⋯87
2000形・1000形

●江之電⋯⋯⋯⋯⋯⋯⋯⋯⋯⋯88
500形・1000形・2000形・10形・20形・
300形・100形・500形

●伊豆箱根鐵道 駿豆線⋯⋯⋯⋯90
3000系・7000系・1300系・踊子號（JR東
日本）・ED31形・1100系・1000系・
1000系

●伊豆箱根鐵道 大雄山線⋯⋯⋯91
5000系・5000系・moha150形

●箱根登山鐵道⋯⋯⋯⋯⋯⋯⋯91
3000形・1000形・2000形・moha1形・
moha2形・moha1形

●秩父鐵道⋯⋯⋯⋯⋯⋯⋯⋯⋯92
6000系・5000系・7800系・7500系・
7000系・1000系・C58形・deki100形・
deki200形・deki300形・deki500形・100
系・500系・1800系・2000系・3000系

●上毛電鐵⋯⋯⋯⋯⋯⋯⋯⋯⋯93
700形・100形

●上信電鐵⋯⋯⋯⋯⋯⋯⋯⋯⋯94
6000系・7000系・250系・150系・200
系・150系・500系・1000系・deki形・
ED31形・貨車

●渡良瀨溪谷鐵道⋯⋯⋯⋯⋯⋯95
WKT550形・WKT500形・wa89形・
渡良瀨溪谷號小火車・wa89形・wa89形

●關東鐵道 常總線・龍崎線⋯⋯⋯96
kiha2100形・kiha2300形・kiha2400形・
kiha5000形・kiha2200形・kiha2000形・
kiha532形・kiha100形・kiha310形・kiha
0形・DD502形・kiha300形・kiha350形・
kiha41300形

●流鐵⋯⋯⋯⋯⋯⋯⋯⋯⋯⋯⋯98
5000形・2000形・3000形・kuha50形・
kuha50形・moha1100形

●小湊鐵道⋯⋯⋯⋯⋯⋯⋯⋯⋯98
里山小火車・kiha200形

●鹿島臨海鐵道⋯⋯⋯⋯⋯⋯⋯99
8000形・6000形・KRD64形・7000形

●夷隅鐵道⋯⋯⋯⋯⋯⋯⋯⋯⋯99
夷隅300形・夷隅350形・夷隅200形
Kiha52形・Kiha28形・Kiha20形

●常陸那珂海濱鐵道⋯⋯⋯⋯⋯100
Kiha37100形・Kiha3710形・Kiha20形
Kiha11形・miki300形・Kiha2000形・
Kiha22形

●真岡鐵道⋯⋯⋯⋯⋯⋯⋯⋯⋯101
C12形・C11形・mooka14形・DE10形・

mooka63形

●銚子電鐵⋯⋯⋯⋯⋯⋯⋯⋯⋯102
3000系・2000形・2000形・deki3形
1000形・700形・deki3形・澪Tsukushi號・
200形

第3章　甲信越・北陸・東海

●北陸新幹線⋯⋯⋯⋯⋯⋯⋯⋯104
新幹線 E7系・新幹線 W7系・新幹線 E2系

●小海線⋯⋯⋯⋯⋯⋯⋯⋯⋯⋯105
HB-E300系・kiha110系・kihaE200系
kiha52形・DD16形

●大糸線⋯⋯⋯⋯⋯⋯⋯⋯⋯⋯105
E127系・kiha120形・211系・ED60形・
舊型國電

●篠之井線⋯⋯⋯⋯⋯⋯⋯⋯⋯106
信濃號・313系・211系・彩號
EH200形・115系・115系

●飯山線⋯⋯⋯⋯⋯⋯⋯⋯⋯⋯107
Kiha110形・OYKOT號・kiha58形・魚野號・
kiha52形

●赤澤森林鐵道⋯⋯⋯⋯⋯⋯⋯107
赤澤森林鐵道

●信濃鐵道 信濃鐵道線・北信濃線⋯⋯⋯108
六文號・115系・169系

●上田電鐵⋯⋯⋯⋯⋯⋯⋯⋯⋯108
7200系・6000系・1000系

●長野電鐵⋯⋯⋯⋯⋯⋯⋯⋯⋯109
2100系・2000系・3500系・3600系・
1000系・8500系

●松本電鐵⋯⋯⋯⋯⋯⋯⋯⋯⋯109
3000系

●富士急行⋯⋯⋯⋯⋯⋯⋯⋯⋯110
8000系・1000系・8500系・5000系・
6000系・6500系・富士登山電車・2000系

●越後TOKImeki鐵道 日本海翡翠號・妙高躍馬線⋯⋯111
雪月花號・ET127系・ET122形・HK100形

●北越急行 北北線⋯⋯⋯⋯⋯⋯111
HK100形・681系

●上越新幹線⋯⋯⋯⋯⋯⋯⋯⋯112
新幹線 E2系・新幹線 E4系・新幹線 E1系
新幹線 200系・E3系 現美新幹線

●白新線⋯⋯⋯⋯⋯⋯⋯⋯⋯⋯113
E129系・115系

●信越本線・越後線⋯⋯⋯⋯⋯113
越乃Shu＊Kura・日雪號・115系・E127系
485系・E129系・EF62形・kiha47形

●北陸本線⋯⋯⋯⋯⋯⋯⋯⋯⋯114
Thunderbird・白鷺號・Thunderbir・
EF510形・北越號・雷鳥號・521系・223系・
413系・日暮特快・475系・419系・日本海
號・白鷹號・加越

●愛之風富山鐵道⋯⋯⋯⋯⋯⋯116
521系

●IR石川鐵道⋯⋯⋯⋯⋯⋯⋯⋯116
521系

◉七尾線⋯⋯⋯⋯⋯⋯⋯⋯⋯⋯116
能登箐火號・花嫁暖簾號・415系・413系・
kuha455形

◉越美北線⋯⋯⋯⋯⋯⋯⋯⋯⋯117
Kiha120形

◉小濱線⋯⋯⋯⋯⋯⋯⋯⋯⋯⋯117
125系

◉冰見線⋯⋯⋯⋯⋯⋯⋯⋯⋯⋯117
Kiha40形・Belles montagnes et mer

◉城端線⋯⋯⋯⋯⋯⋯⋯⋯⋯⋯117
Kiha47形

◉越前鐵道⋯⋯⋯⋯⋯⋯⋯⋯⋯118
L形・6001形・7001形・5001形・6101
形・teki521形・1101形・2101形・2201
形・12・teki6形・3001形

◉福井鐵道⋯⋯⋯⋯⋯⋯⋯⋯⋯119
F1000形・735形・800形・770形・880
形・600形・200形・610形・deki11形・
deki3形・560形・140形

◉北陸鐵道 淺野川線・石川線⋯⋯⋯⋯⋯120
8800系・8900系・7100系・電力機車頭・
3751系

◉能登鐵道⋯⋯⋯⋯⋯⋯⋯⋯⋯120
NT300形・NT200形

◉萬葉線⋯⋯⋯⋯⋯⋯⋯⋯⋯⋯121
1000形・7070形・7000形・7060形・
除雪車

◉黑部峽谷鐵道⋯⋯⋯⋯⋯⋯⋯121
EDR形・ED凸形・EDM形・EHR形・BB形・
DD形

◉富山地方鐵道⋯⋯⋯⋯⋯⋯⋯122
10030形・14760形・14720形・10030
形・10020形・16010形・deki12020形・
17400形・deki14730形・9000形・
7000形・T100形・8000形

◉富山輕軌⋯⋯⋯⋯⋯⋯⋯⋯⋯123
PORTRAM

◉伊豆急行⋯⋯⋯⋯⋯⋯⋯⋯⋯124
α・RESORT21・黑船電車・IZU CRAILE
（JR東日本）・8000系・RESORT21 EX・
100系・200系

◉岳南電車⋯⋯⋯⋯⋯⋯⋯⋯⋯125
8000系・7000系・ED40形・ED50形・
5000系

◉大井川鐵道 大井川本線⋯⋯⋯⋯⋯126
湯瑪士號・詹姆士號・C11形・Hiro號・拉斯提
號・7200系・納涼生啤酒列車・
16000系・21000系・C56形・C10形・
3000系・
E31形・SE車・赤石號

◉大井川鐵道 井川線⋯⋯⋯⋯⋯127
ED90形

◉遠州鐵道⋯⋯⋯⋯⋯⋯⋯⋯⋯128
2000形・1000形・30形・ED28形

◉靜岡鐵道⋯⋯⋯⋯⋯⋯⋯⋯⋯128
A3000形・1000形・kumoha100形・
moha18形・dewa1形

◉天龍濱名湖鐵道⋯⋯⋯⋯⋯⋯129
TH9200形・TH2100形・TH3000形
小火車「微風號」・TH1形・TH2形

◉東海道本線⋯⋯⋯⋯⋯⋯⋯⋯130
白鷺號・311系・211系・313系・kiya97
系・EF210形・DD51形・117系

◉御殿場線⋯⋯⋯⋯⋯⋯⋯⋯⋯131
朝霧號（小田急）・211系・313系・朝霧號・
115系

◉身延線⋯⋯⋯⋯⋯⋯⋯⋯⋯⋯131
富士川號・313系・115系・123系・
kumohayuni44形・kuha68形

◉中央本線⋯⋯⋯⋯⋯⋯⋯⋯⋯132
（Wide View）信濃號・211系・313系・
213系・Central Liner・信濃kiha181系

◉飯田線⋯⋯⋯⋯⋯⋯⋯⋯⋯⋯133
（Wide View）伊那路號・313系・213系・
119系

◉紀勢本線⋯⋯⋯⋯⋯⋯⋯⋯⋯134
（Wide View）南紀・kiha11形・kiha48形

◉參宮線⋯⋯⋯⋯⋯⋯⋯⋯⋯⋯134
快速三重號・kiha25系・kiha11形

◉關西本線⋯⋯⋯⋯⋯⋯⋯⋯⋯135
快速三重號・313系・211系・213系

◉名松線⋯⋯⋯⋯⋯⋯⋯⋯⋯⋯135
kiha11形

◉高山本線⋯⋯⋯⋯⋯⋯⋯⋯⋯136
（Wide View）飛驒號・kiha25形・kiha75形・
kiha120形・kiha11形・kiha48形・DE15
形・DD51形

◉武豐線⋯⋯⋯⋯⋯⋯⋯⋯⋯⋯137
313系・311系・KE65形・kiha75形

◉東海交通事業 城北線⋯⋯⋯⋯⋯137
kiha11形

◉青波線⋯⋯⋯⋯⋯⋯⋯⋯⋯⋯137
1000形

◉太多線⋯⋯⋯⋯⋯⋯⋯⋯⋯⋯137
kiha75形・kiha25系・kiha11形

◉名古屋市地下鐵 東山線等⋯⋯⋯⋯138
N1000形（東山線）・5050形（東山線）・
2000形（名港線）・2000形（名城線）・
6050形（櫻通線）・6000形（櫻通線）・
N3000形（鶴舞線）・3050形（鶴舞線）・
7000形（上飯田線）・名鐵300形（上飯田線）・
5000形

◉豐橋鐵道⋯⋯⋯⋯⋯⋯⋯⋯⋯139
1800系・T1000形・mo780形・mo800形・
mo3100形・mo3200形・mo3500形・
mo3700形

◉名鐵 名古屋本線等⋯⋯⋯⋯⋯⋯140
2000系・2200系・1000系・1030系・
1700系・1800系・1850系・3150系・
5000系・3300系・7000系・7500系・
8800系・1600系・北阿爾卑斯號・3500
系・3100系・5300系・5700系・6000
系・6800系・300系・100系・3700系・
6500系・7700系・mo510形

◉名鐵 瀨戶線⋯⋯⋯⋯⋯⋯⋯⋯143
4000系・6000系・6750系

◉Linimo⋯⋯⋯⋯⋯⋯⋯⋯⋯⋯144
100系

◉名古屋導軌道巴士⋯⋯⋯⋯⋯⋯144
導軌道巴士

◉愛知環狀鐵道⋯⋯⋯⋯⋯⋯⋯144
2000系

◉明知鐵道⋯⋯⋯⋯⋯⋯⋯⋯⋯144
Akechi10形・Akechi6形

◉三岐鐵道⋯⋯⋯⋯⋯⋯⋯⋯⋯145
751系・801系・101系・Ku140形・deki
200形・ED45形・ED301形・601系

◉伊賀鐵道⋯⋯⋯⋯⋯⋯⋯⋯⋯146
200系・860系

◉養老鐵道⋯⋯⋯⋯⋯⋯⋯⋯⋯146
610系・620系・600系

◉四日市Asunarou鐵道⋯⋯⋯⋯⋯147
新261系・260系・moni211形和ku161形・
moni220形

◉伊勢鐵道⋯⋯⋯⋯⋯⋯⋯⋯⋯147
伊勢Ⅲ型

◉長良川鐵道⋯⋯⋯⋯⋯⋯⋯⋯148
Nagara300形・Nagara200形・
Nagara500形・Nagara500形・
Nagara1形

◉樽見鐵道⋯⋯⋯⋯⋯⋯⋯⋯⋯148
haimo295-310形・haimo330-700形・
haimo230形

第4章　關西

◉山陽新幹線⋯⋯⋯⋯⋯⋯⋯⋯150
新幹線N700系 瑞穗號・新幹線700系Rail
Star・新幹線500系・新幹線100系・新幹
線0系

◉東海道本線⋯⋯⋯⋯⋯⋯⋯⋯151
221系・Haruka・Thunderbird・
Thunderbird・EF510形・EF210形・
EF200形・583系・kiha82系

◉JR京都・神戶線⋯⋯⋯⋯⋯⋯⋯152
新快速・321系・225系・快速・207系・
新快速・201系・205系

◉大阪環狀線⋯⋯⋯⋯⋯⋯⋯⋯153
323系・225系・223系・103系・201系

◉大和路線⋯⋯⋯⋯⋯⋯⋯⋯⋯154
大和路快速・201系・快速・kiha120形・
113系・D51形

◉奈良線⋯⋯⋯⋯⋯⋯⋯⋯⋯⋯154
103系・京城路快速

◉大阪東線⋯⋯⋯⋯⋯⋯⋯⋯⋯154
201系

◉加古川線⋯⋯⋯⋯⋯⋯⋯⋯⋯155
125系・103系

◉和歌山線⋯⋯⋯⋯⋯⋯⋯⋯⋯155
221系・105系・117系

◉播但線⋯⋯⋯⋯⋯⋯⋯⋯⋯⋯155

103系・kiha41形・濱風號・濱風號・
DE10形

◉和田岬線 ··················· 155
103系

◉山陰本線（嵯峨野線） ··········· 156
濱風號・223系・115系・城崎號・橋立號
（丹鐵）・221系・113系

◉嵯峨野觀光小火車 ··············· 156

◉福知山線（JR寶塚線） ··········· 157
白鶴號・丹波路快速・白鶴號・321系・
207系・北近畿號・丹後EXPLORER

◉學研都市線 ··············· 157
321系・207系

◉阪和線・紀勢本線 ··············· 158
紀州路快速・黑潮號・黑潮號・關空快速・
Haruka・黑潮號・205系・117系・103系・
105系・紀伊國海岸號・黑潮號kiha81系

◉信樂高原鐵道 ··············· 159
SKR-400形・SKR-200形・SKR-310形

◉草津線 ··············· 159
117系・113系・221系・225系

◉北條鐵道 ··············· 159
furawa 2000形

◉近鐵（特急列車） ··············· 160
島風號・Urban Liner next・伊勢志摩l iner・
22000系・ACE・22600系・Vista EX・
Vista Car・12200系・12400系・
12410系・12600系・16000系・
16010系・16600系・16400系・
20000系・15200系・Kagirohi・
Tsudoi・櫻花 Liner・檢測君・
18200系・18400系・青空號

◉近鐵 大阪線・名古屋線 ··········· 166
5200系・5209系・5211系・1620系・
5800系・5820系・1201系・1200系・
1220系・1230系・1233系・1253系・
1240系・1254系・1259系・1400系・
1420系・1422系・1430系・1435系・
1436系・1437系・1440系・1000系・
1010系・1810系・2250系・2000系・
2050系・2430系・2610系・2680系・
2800系

◉近鐵 京阪奈線 ··············· 169
7000系・7020系

◉近鐵 奈良線・京都線 ··········· 170
9020系・9820系・1020系・1026系・
1031系・3200系・3220系・5800系・
5820系・3000系・9000系・9200系・
1233系・1249系・1252系・8000系・
8400系・8600系・8800系・8810系・
800系・8400系

◉近鐵 南大阪線・吉野線 ··········· 172
6820系・6020系・6200系・6400系・
6407系・6413系・6422系・6432系・
6600系・6620系

◉京阪 京津線・石山坂本線 ··········· 173
800形・600形・700形・80形

◉京都市地下鐵 烏丸線等 ··········· 173
10系・50系

◉京阪 京阪本線・鴨東線等 ··········· 174
8000系・9000系・13000系・10000系・
7000系・7200系・6000系・5000系・
3000系・2600系・2400系・2200系・
1000系・3000系・1900系・1010系

◉南海 南海本線 ··············· 176
Rapi:d・SOUTHERN・SOUTHERN・
1000系・7100系・8300系・8000系・
9000系・3000系・7000系・kiha5501系

◉南海 高野線 ··············· 178
天空號・高野號・高野號・林間號・泉北Liner・
2000系・2200系・2300系・6000系・
1000系・6200系・6300系・6100系・
8200系・高野號・21000系

◉近江鐵道 ··············· 180
900形・100形・220形・700形・800形
500形・ED31形・ED14形・LE10形・
ED4000形・roko1100形

◉泉北高速鐵道 ··············· 181
5000系・7000系・3000系・7020系

◉北大阪急行 ··············· 181
9000系・8000系・30000系（大阪市交）・
20系

◉阪急 京都線 ··············· 182
9300系・3300系・1300系・5300系・
7300系・8300系・66系（大阪市交）・6300
系・100形・2300系

◉阪急 千里線 ··············· 183
8300系

◉阪急 嵐山線 ··············· 183
京Train・6300系

◉阪急 神戶線 ··············· 184
9000系・8000系・7000系・5000系・
3000系

◉阪急 寶塚線 ··············· 185
1000系・5100系・6000系

◉阪急 箕面線 ··············· 185
3000系

◉阪急 今津線 ··············· 185
3000系・6000系

◉阪神 阪神本線 ··············· 186
9000系・5700系・9300系・1000系・
5550系・5500系・5000系・5330系・
5130系・8000系・5201系・9000系・
2000系

◉阪神 武庫川線 ··············· 187
7890系

◉山陽電鐵 ··············· 188
5000系・3000系・5030系・6000系

◉能勢電鐵 ··············· 188
6000系・1500系・1700系・3100系・
5100系

◉神戶電鐵 ··············· 189
6500系・6000系・2000系・5000系・
3000系・1100系

◉神戶新交通 港島線 ··········· 190
2020形・2000形・1000形・8000形

◉神戶市地下鐵 西神・山手線、海岸線 ······ 190
1000形・2000形・5000形・3000形

◉北神急行 ··············· 190
7000系

◉大阪高速鐵道 大阪單軌電車 ········· 191
1000形・2000形

◉紀州鐵道 ··············· 191
kitetsu1形・KR301・kitetsu2形・
kiha600形

◉水間鐵道 ··············· 191
1000形

◉叡山電鐵 ··············· 192
deo900形・deo810形・deo710形・
deo800形・deo730形・deo720形・
deto1001形・deo600形・dena21形

◉京福電鐵 ··············· 193
Mobo21形・Mobo101形・Mobo301形・
Mobo2001形・Mobo611形・Mobo501形・
Mobo631形・Mobo621形・Mobo621形

◉大阪市交通局 御堂筋線等 ··········· 194
御堂筋線 30000系・10系・20系・8000系
（北大阪急行）・堺筋線 8300系（阪急）・66系・
丁口前線 20系・谷町線 30000系・30系・
中央線 20系・20系・今里筋線 80系・長堀鶴
見綠線地系 70系・四橋線 20系・南港港城線
200系・100系

◉阪堺電氣軌道 ··············· 196
1001形・mo701形・mo161形・
mo351形・mo501形・mo601形・
deto11形

◉和歌山電鐵 ··············· 196
2270系

第5章　中國・四國

◉山陽本線 ··············· 198
227系・La Malle de Bois・Sunrise瀨戶號・
Sun Liner・213系・105系・115系・
115系・115系・115系・115系・117系・
EF200形・EF210形・EF67形・潮路號・
鴿號・筑紫號・EF65形・EF66形・
kumoya145形・DE10形

◉吳線 ··············· 200
227系・瀨戶內Marine View・kiha25形

◉瀨戶大橋線 ··············· 201
Marine Liner・Marine Liner・
瀨戶大橋麵包超人小火車・115系・213系

◉赤穗線 ··············· 201
115系

◉姬新線 ··············· 202
kiha127系・kiha122系・kiha40形

◉津山線 ··············· 202
懷舊號・kiha40形・kiha120形

◉吉備線 ··············· 202
kiha40形・kiha47形

◉境線‧‧‧‧‧‧‧‧‧‧‧‧‧‧‧‧‧‧‧‧‧‧‧‧‧‧‧‧‧‧203
鬼太郎列車

◉美祢線‧‧‧‧‧‧‧‧‧‧‧‧‧‧‧‧‧‧‧‧‧‧‧‧‧‧‧‧‧203
kiha120形

◉福鹽線‧‧‧‧‧‧‧‧‧‧‧‧‧‧‧‧‧‧‧‧‧‧‧‧‧‧‧‧203
105系‧115系

◉水島臨海鐵道‧‧‧‧‧‧‧‧‧‧‧‧‧‧‧‧‧‧‧203
kiha37形‧MRT300形

◉京都丹後鐵道 宮舞線等‧‧‧‧‧‧‧‧204
KTR700形‧KTR8000形‧KTR001形‧
KTR800形‧MF100形‧115系‧MF200形

◉智頭急行 智頭線‧‧‧‧‧‧‧‧‧‧‧‧‧‧‧‧205
HOT-3500形‧HOT-7000形‧超級白兔號‧
超級稻葉號

◉若櫻鐵道‧‧‧‧‧‧‧‧‧‧‧‧‧‧‧‧‧‧‧‧‧‧‧‧205
WT-3000形‧WT-3300形‧C12形

◉井原鐵道‧‧‧‧‧‧‧‧‧‧‧‧‧‧‧‧‧‧‧‧‧‧‧‧205
IRT355形

◉因美線‧‧‧‧‧‧‧‧‧‧‧‧‧‧‧‧‧‧‧‧‧‧‧‧‧‧‧‧206
kiha47形

◉伯備線‧‧‧‧‧‧‧‧‧‧‧‧‧‧‧‧‧‧‧‧‧‧‧‧‧‧‧‧206
八雲號‧八雲號‧Sunrise出雲號‧
kiha121形‧EF64形‧D51形三重連

◉芸備線‧‧‧‧‧‧‧‧‧‧‧‧‧‧‧‧‧‧‧‧‧‧‧‧‧‧‧‧206
kiha40形

◉可部線‧‧‧‧‧‧‧‧‧‧‧‧‧‧‧‧‧‧‧‧‧‧‧‧‧‧‧‧207
227系‧105系‧103系

◉宇部線‧小野田線‧‧‧‧‧‧‧‧‧‧‧‧‧‧207
105系‧123系‧kumoha42形

◉岩德線‧‧‧‧‧‧‧‧‧‧‧‧‧‧‧‧‧‧‧‧‧‧‧‧‧‧‧‧207
kiha40形

◉錦川鐵道‧‧‧‧‧‧‧‧‧‧‧‧‧‧‧‧‧‧‧‧‧‧‧‧207
NT-3000形

◉山口線‧‧‧‧‧‧‧‧‧‧‧‧‧‧‧‧‧‧‧‧‧‧‧‧‧‧‧‧208
SL山口號

◉山陰本線‧‧‧‧‧‧‧‧‧‧‧‧‧‧‧‧‧‧‧‧‧‧‧‧210
kiha120形‧超級白兔號‧超級隱岐號‧
美鈴潮彩號‧kiha126形‧kiha40形‧kiha33形

◉廣島電鐵‧‧‧‧‧‧‧‧‧‧‧‧‧‧‧‧‧‧‧‧‧‧‧‧211
5100形‧5000形‧3950形‧3900形‧
3800形‧3700形‧3500形‧3100形‧
3000形‧2000形‧800形‧1900形‧
1150形‧900形‧750形‧700形‧650形‧
600形‧570形‧350形‧150形‧100形‧
200形‧貨50形‧1000形‧550形‧70形

◉廣島高速交通‧‧‧‧‧‧‧‧‧‧‧‧‧‧‧‧‧‧214
6000系‧1000系

◉一畑電車‧‧‧‧‧‧‧‧‧‧‧‧‧‧‧‧‧‧‧‧‧‧‧‧214
1000系‧3000系‧5000系‧2100系
dehani50形‧60形‧dehani50形

◉岡山電氣軌道‧‧‧‧‧‧‧‧‧‧‧‧‧‧‧‧‧‧215
9200形‧3000形‧3000形‧7000形
7100形‧7200形‧7300形‧7400形
7500形‧7600形‧7700形‧7900形

◉予讚線‧‧‧‧‧‧‧‧‧‧‧‧‧‧‧‧‧‧‧‧‧‧‧‧‧‧‧‧216
8600系‧麵包超人列車‧宇和海號‧潮風號‧
石鎚號‧伊予灘物語號‧7200系‧7000系‧

113系‧115系‧6000系‧121系‧185系

◉土讚線‧‧‧‧‧‧‧‧‧‧‧‧‧‧‧‧‧‧‧‧‧‧‧‧‧‧‧‧218
南風號‧絕景！土讚線秘境小火車‧足摺號‧
四萬十號‧1000形‧kiha32形‧kiha54形‧
南風號

◉牟岐線‧‧‧‧‧‧‧‧‧‧‧‧‧‧‧‧‧‧‧‧‧‧‧‧‧‧‧‧219
室戶號‧kiha40形‧1500形

◉高德線‧‧‧‧‧‧‧‧‧‧‧‧‧‧‧‧‧‧‧‧‧‧‧‧‧‧‧‧220
渦潮號‧kiha40形‧1500形‧1200形

◉德島線‧‧‧‧‧‧‧‧‧‧‧‧‧‧‧‧‧‧‧‧‧‧‧‧‧‧‧‧220
1000形

◉鳴門線‧‧‧‧‧‧‧‧‧‧‧‧‧‧‧‧‧‧‧‧‧‧‧‧‧‧‧‧220
kiha40形

◉予土線‧‧‧‧‧‧‧‧‧‧‧‧‧‧‧‧‧‧‧‧‧‧‧‧‧‧‧‧221
四萬十小火車‧海洋堂Hobby列車‧
鐵道Hobby列車‧kiha54形‧kiha32形

◉伊予鐵道 高濱線等‧‧‧‧‧‧‧‧‧‧‧‧222
610系‧710系‧3000系‧810系‧
moha100形‧moha2100形‧moha50形‧
moha50形　moha2000形‧少爺列車

◉Maintopia別子‧‧‧‧‧‧‧‧‧‧‧‧‧‧‧‧‧‧222
別子1號

◉高松琴平電鐵‧‧‧‧‧‧‧‧‧‧‧‧‧‧‧‧‧‧224
1200形‧1100形‧1070形‧1080形‧
1300形‧600形‧800形‧3000形‧1000
形‧5000形‧20形‧700形‧deka1形
1060形‧750形‧30形‧30形

◉土佐電交通‧‧‧‧‧‧‧‧‧‧‧‧‧‧‧‧‧‧‧‧226
100形‧600形‧1000形‧2000形‧7形
200形‧590形‧700形‧800形‧910形
貨1形‧198形‧300形‧735形‧320形
1606形‧541形‧533形

◉土佐黑潮鐵道‧‧‧‧‧‧‧‧‧‧‧‧‧‧‧‧‧‧228
9640形‧9640形‧TKT-8000形‧1000形
(JR四國)

◉阿佐海岸鐵道‧‧‧‧‧‧‧‧‧‧‧‧‧‧‧‧‧‧228
ASA-100形‧ASA-300形

第6章　九州‧沖繩

◉九州新幹線‧‧‧‧‧‧‧‧‧‧‧‧‧‧‧‧‧‧‧‧230
燕子號‧瑞穗號

◉鹿兒島本線‧‧‧‧‧‧‧‧‧‧‧‧‧‧‧‧‧‧‧‧231
閃耀號‧海鷗號‧811系‧817系 3000番
台‧815系‧813系‧415系‧415系‧
ED76形‧EF81形‧EH500形‧421系‧
EF30形‧櫻花號‧有明號‧阿蘇號

◉長崎本線‧‧‧‧‧‧‧‧‧‧‧‧‧‧‧‧‧‧‧‧‧‧‧233
海鷗號‧綠號‧kiha66‧67形‧
kiha200系‧海鷗號‧西伯號

◉大村線‧‧‧‧‧‧‧‧‧‧‧‧‧‧‧‧‧‧‧‧‧‧‧‧‧233
豪斯登堡號‧kiha200系

◉久大本線‧‧‧‧‧‧‧‧‧‧‧‧‧‧‧‧‧‧‧‧‧‧234
七星in九州‧ARU RESSHA‧由布院之森號‧
由布院之森號‧由布號‧由布DX號‧
kiha200系‧kiha220形‧kiha125形

◉豐肥本線‧‧‧‧‧‧‧‧‧‧‧‧‧‧‧‧‧‧‧‧‧‧235

九州橫斷特急‧kiha200系‧阿蘇男孩號！‧
阿蘇號‧阿蘇BOY號

◉日豐本線‧‧‧‧‧‧‧‧‧‧‧‧‧‧‧‧‧‧‧‧‧‧236
霧島號‧音速號‧日輪喜凱亞號‧
隼人之風號‧音速號‧霧島號＆日向號‧
813系‧815系‧713系‧817系‧
彗星號‧日輪號‧富士號

◉香椎線‧‧‧‧‧‧‧‧‧‧‧‧‧‧‧‧‧‧‧‧‧‧‧‧‧238
kiha47形

◉篠栗線‧‧‧‧‧‧‧‧‧‧‧‧‧‧‧‧‧‧‧‧‧‧‧‧‧238
817系‧813系

◉筑豐本線‧‧‧‧‧‧‧‧‧‧‧‧‧‧‧‧‧‧‧‧‧‧238
kiha140形

◉筑肥線（電化區間）‧‧‧‧‧‧‧‧‧‧‧238
305系‧303系‧103系

◉肥薩線‧‧‧‧‧‧‧‧‧‧‧‧‧‧‧‧‧‧‧‧‧‧‧‧‧239
隼人之風號‧SL人吉號‧伊三郎號‧新平號‧
kiha140形‧kiha31形‧球磨川號

◉三角線‧‧‧‧‧‧‧‧‧‧‧‧‧‧‧‧‧‧‧‧‧‧‧‧‧240
坐A列車去吧‧kiha200系

◉松浦鐵道‧‧‧‧‧‧‧‧‧‧‧‧‧‧‧‧‧‧‧‧‧‧240
MR-600形‧MR-600形‧MR-500形‧
MR-400形‧MR-100形

◉筑肥線（非電化區間）‧‧‧‧‧‧‧‧240
kiha125形

◉平成筑豐鐵道‧‧‧‧‧‧‧‧‧‧‧‧‧‧‧‧‧241
400形‧潮風號‧500形‧300形

◉唐津線‧‧‧‧‧‧‧‧‧‧‧‧‧‧‧‧‧‧‧‧‧‧‧‧‧241
kiha47形

◉日田彦山線‧‧‧‧‧‧‧‧‧‧‧‧‧‧‧‧‧‧‧241
kiha147形

◉西鐵 天神大牟田線等‧‧‧‧‧‧‧‧242
旅人號‧水都號‧8000形‧7050形‧
3000形‧7000形‧5000形‧
6000形‧6050形‧600形‧2000形

◉西鐵 貝塚線‧‧‧‧‧‧‧‧‧‧‧‧‧‧‧‧‧‧243
600形‧313形‧300形

◉福岡市地下鐵‧‧‧‧‧‧‧‧‧‧‧‧‧‧‧‧244
2000系‧1000系‧3000系‧303系
(JR九州)‧103系(JR九州)

◉筑豐電鐵‧‧‧‧‧‧‧‧‧‧‧‧‧‧‧‧‧‧‧‧‧‧244
5000形‧2000形‧3000形‧2000形

◉北九州高速鐵道‧‧‧‧‧‧‧‧‧‧‧‧‧245
1000形‧1000形

◉島原鐵道‧‧‧‧‧‧‧‧‧‧‧‧‧‧‧‧‧‧‧‧‧‧245
kiha2550形‧kiha2500形‧D37形

◉甘木鐵道‧‧‧‧‧‧‧‧‧‧‧‧‧‧‧‧‧‧‧‧‧‧245
AR-300形‧AR-200形‧AR-100形

◉熊本市電‧‧‧‧‧‧‧‧‧‧‧‧‧‧‧‧‧‧‧‧‧‧246
0800形‧9700形‧9200形‧8800形‧
8800形‧8500形‧8200形‧5000形‧
1350形‧1200形‧1090形‧1080形‧
1060形

◉熊本電鐵‧‧‧‧‧‧‧‧‧‧‧‧‧‧‧‧‧‧‧‧‧‧247
6000形‧01形‧200形‧5100形‧moha71形

◉日南線‧‧‧‧‧‧‧‧‧‧‧‧‧‧‧‧‧‧‧‧‧‧‧‧‧247
kiha40形‧海幸山幸

●長崎電軌⋯⋯⋯⋯⋯⋯⋯248
5000形·3000形·1800形·1200形·1300
形·1500形·1700形·201形·202形·211形·
300形·360形·370形·168·87形·500形·
701·601·151·1051·2000形

●鹿兒島市電⋯⋯⋯⋯⋯⋯⋯250
7000形·100形·1000形·2100形·2110形·
2120形·2130形·2140形·9500形·
9700形·500形·600形·20形·500形

●南阿蘇鐵道⋯⋯⋯⋯⋯⋯⋯251
觀光小火車·MT-2000形·MT-3000形

●肥薩橙鐵道⋯⋯⋯⋯⋯⋯⋯251
HSOR-100形·HSOR-152形·
Orange食堂·ED76形

●熊川鐵道⋯⋯⋯⋯⋯⋯⋯252
田園交響曲號·KT-200形·KT-100形
KT-31形

●指宿枕崎線⋯⋯⋯⋯⋯⋯⋯252
kiha47形·油菜花DX·

●Yui Rail⋯⋯⋯⋯⋯⋯⋯252
1000形

第7章 東北

◎東北新幹線⋯⋯⋯⋯⋯⋯⋯254
隼號 新幹線 E5系·山彥號 新幹線 E2系·
East-i 新幹線 E926系·新幹線 200系

◎山形新幹線⋯⋯⋯⋯⋯⋯⋯255
翼號 新幹線 E3系·Toreiyu Tsubasa號
新幹線E3系

◎秋田新幹線⋯⋯⋯⋯⋯⋯⋯255
小町號 新幹線 E6系·新幹線 E3系

●東北本線⋯⋯⋯⋯⋯⋯⋯256
Zipangu·HB-E210系·719系·701系·
津輕號·白鳥號·超級白鳥號·E721系·
E721系·SAT721系 (仙台機場鐵道)·
EH500形·ED75形·D51形·白鶴號·
雲雀號·ED71形

●磐越西線⋯⋯⋯⋯⋯⋯⋯258
SL磐越物語號·FruiTea福島號·風子號
·kiha40形·kiha47形·719系·kiha
E120系·會津Liner·kiha110系·
會津號·ED77形

●只見線⋯⋯⋯⋯⋯⋯⋯259
風子號·kiha40形·DD16形·kiha17形等

●仙山線⋯⋯⋯⋯⋯⋯⋯259
E721系·719系·455系

●仙石線⋯⋯⋯⋯⋯⋯⋯260
205系·205系·kumoha 73形

●石巻線⋯⋯⋯⋯⋯⋯⋯260
kiha110系·kiha40形

●左澤線⋯⋯⋯⋯⋯⋯⋯260
kiha101形

●米坂線⋯⋯⋯⋯⋯⋯⋯260
kihaE120形

●釜石線·山田線⋯⋯⋯⋯⋯⋯⋯261
SL銀河·Kenji·kiha100形

●陸羽東線·陸羽西線⋯⋯⋯⋯⋯⋯⋯261
kiha110系·kiha110系·Resort實號·
C58形

●奧羽本線⋯⋯⋯⋯⋯⋯⋯262
津輕號·701系·701系5500番台·719系·
翼號·氈鹿號·曙號·東北夏祭號·白鳥號·
稻穗號

●男鹿線⋯⋯⋯⋯⋯⋯⋯263
kiha48形

●田澤湖線⋯⋯⋯⋯⋯⋯⋯263
小町號·701系·田澤號

●羽越本線⋯⋯⋯⋯⋯⋯⋯264
稻穗號·E129系·kiha110系·EF510形·
白雪號·稻穗號

●五能線⋯⋯⋯⋯⋯⋯⋯265
Resort白神號·kiha48形

●三陸鐵道⋯⋯⋯⋯⋯⋯⋯266
36-700形·36-R形·36形·36-Z形

●八戶線⋯⋯⋯⋯⋯⋯⋯267
東北EMOTION 號·Resort海貓號·kiha40形

●大湊線⋯⋯⋯⋯⋯⋯⋯267
Resort羅漢柏號·快速 下北號·kiha40
形·閃亮陸奧號

●會津鐵道⋯⋯⋯⋯⋯⋯⋯268
會津浪漫號小火車 AIZU MOUNT EXPRESS·
AT-600形·AT-500-550形·
AT-150形·kiha8500形

●福島交通⋯⋯⋯⋯⋯⋯⋯268
7000系

●仙台市地下鐵 南北線·東西線⋯⋯⋯⋯⋯⋯⋯269
1000系·2000系

●阿武隈急行⋯⋯⋯⋯⋯⋯⋯269
8100系·A417系

●秋田內陸縱貫鐵道⋯⋯⋯⋯⋯⋯⋯269
AN-8900形·AN-8800形·AN-2000形

●津輕線⋯⋯⋯⋯⋯⋯⋯270
EH800形·701系·kiha40形·
超級白鳥號·ED79形

●花輪線⋯⋯⋯⋯⋯⋯⋯270
kiha110系

●IGR岩手銀河鐵道⋯⋯⋯⋯⋯⋯⋯271
7000系

●青之森鐵道⋯⋯⋯⋯⋯⋯⋯271
703系·701系·EH500形

●山形鐵道 Flower長井線⋯⋯⋯⋯⋯⋯⋯271
YR-880形

●由利高原鐵道 鳥海山麓線⋯⋯⋯⋯⋯⋯⋯271
YR-3000形·YR-2000形·YR-1500形

●弘南鐵道⋯⋯⋯⋯⋯⋯⋯272
7000系·7000系·6000系·ED22形·
除雪車

●津輕鐵道⋯⋯⋯⋯⋯⋯⋯272
津輕21形·暖爐列車

第8章 北海道

●北海道新幹線⋯⋯⋯⋯⋯⋯⋯274

新幹線 H5系

●道南漁火鐵道⋯⋯⋯⋯⋯⋯⋯274
kiha40形·EH800形·
超級白鳥號·EH500形

●函館本線⋯⋯⋯⋯⋯⋯⋯275
超級北斗號·超級北斗號·Kamui號·
超級Kamui號·鄂霍次克號·北斗號·
旭山動物園號·仙后座號·石狩號·紫丁香號·
SL新雪谷號·kiha150形·733系·721系·
731系·函館Liner·kiha201形·735系·
kiha40形·711系

●室蘭本線⋯⋯⋯⋯⋯⋯⋯278
超級北斗號·鈴蘭號·北斗號·北斗星號·
日暮特快·731系·kiha150形·
kiha143形·kiha40形·DF200形

●日高本線⋯⋯⋯⋯⋯⋯⋯279
kiha40形

●千歲線⋯⋯⋯⋯⋯⋯⋯280
超級十勝號·快速「Airport」·鈴蘭號·
快速「Airport」·快速「Airport」·721系·
735系·DF200形·水晶特急·新雪谷特急·
DD51形·大鳥號·kiha17形

●札沼線⋯⋯⋯⋯⋯⋯⋯281
731系·721系·733系·kiha40形·kiha141形

●石勝線⋯⋯⋯⋯⋯⋯⋯282
超級十勝號

●根室本線⋯⋯⋯⋯⋯⋯⋯282
超級十勝號·超級大空號·kiha40形·大空號

●富良野線⋯⋯⋯⋯⋯⋯⋯283
富良野·美瑛觀光小火車·kiha150形

●釧網本線⋯⋯⋯⋯⋯⋯⋯283
釧路濕原觀光小火車·kiha54形

●宗谷本線⋯⋯⋯⋯⋯⋯⋯284
宗谷號·Sarobetsu號·kiha54形·
kiha22形·kiha56形·kiha27形·kiha06形

●石北本線⋯⋯⋯⋯⋯⋯⋯285
鄂霍次克號·kiha40形·kiha400形·大鳥號

●丸瀨布森林公園遊憩之森⋯⋯⋯⋯⋯⋯⋯285
雨宮21號

●留萌本線⋯⋯⋯⋯⋯⋯⋯285
kiha54形·kiha03形

●札幌市電⋯⋯⋯⋯⋯⋯⋯286
A1200形·8520形·8510形·8500形·
3300形·250形·240形·220形·210
形·M100形·雪10形·雪形·330形

●札幌市地下鐵⋯⋯⋯⋯⋯⋯⋯288
9000系·5000系·8000系·7000系·
2000形

●函館市電⋯⋯⋯⋯⋯⋯⋯289
30形·9600形·8100形·8000形·3000
形·2000形·800形·710形·1000形·
500形

※車輛等的資訊，均為2016年8月的資料。車輛的形式名稱
（系、形等），基本上按照各自鐵路公司的標記。

【世界鐵道系列】

日本電車大集合1922款

攝影／撰文：廣田尚敬·廣田 泉·坂 正博
翻譯／張雲清
編輯／甘雅芳
發行人／周元白
排版製作／長城製版印刷股份有限公司
出版者／人人出版股份有限公司
地址／23145新北市新店區寶橋路235巷6弄6號7樓
電話／（02）2918-3366（代表號）
傳真／（02）2914-0000
網址／http://www.jjp.com.tw
郵政劃撥帳號／16402311 人人出版股份有限公司
製版印刷／長城製版印刷股份有限公司
電話／（02）2918-3366（代表號）
香港經銷商／一代匯集
電話／（852）2783-8102
第一版第一刷／2017年12月
第一版第九刷／2024年10月
定價／新台幣 650元

國家圖書館出版品預行編目（CIP）資料

日本電車大集合1922款 / 坂正博文 ；
廣田尚敬，廣田泉攝影 ；
張雲清翻譯. —— 第一版. ——
新北市 ： 人人，2017.12
面 ； 公分. —— （世界鐵道系列 ； 30）
ISBN 978-986-461-127-0（平裝）

1.鐵路　2.電車　3.日本

557.2631　　　　　　　106018728

CCY

《KETTEIBAN DENSHA DAI SHUUGOU》
©Naotaka Hirota / Izumi Hirota / Masahiro Saka 2016
All Rights reserved.
Original Japanese edition published by KODANSHA LTD.
Traditional Chinese publishing rights arranged with KODANSHA LTD.
Chinese translation copyright ©2024 by Jen Jen Publishing Co., Ltd.

Find us on
人人出版·人人的伴旅

人人出版好本事
提供旅遊小常識＆最新出版訊息
回答問卷還有送小贈品
部落格網址：http://www.jjp.com.tw/jenjenblog/